たけしの人生相談

悩む勝手

～伊集院さんに聞けなかった話

ワールドカップAグループ

ビートたけし

徳間書店

はじめに

いよいよ出たぞ。「悩むの勝手」。人生相談本だよ。

このタイトルで答える気があるのかって？

ない。まるでない。

いろいろと悩むヤツはいると思うけど、それを人に相談して解決しようなんて根性が気に入らないよ。だいたい悩みごとなんてのは、人にとってはどうでもいいこと、個人的な問題で、それを真剣に考えてくれる人なんか、金にならないならいない。

タダでやるわけねえじゃねえか！

いくらかになるからやってんだ。ならなきゃやるわけねえじゃねえか！

タダでどうにかなろうと思ったら、浅草か北千住の場末の飲み屋の酔っ払いの話聞いてたほうがよっぽど勉強になるぞ。

逆に、俺が悩むこと？

うん。悩みすぎてヤケクソになっちゃったんだ。

普通に悩んでると、死のうとか、そういう風に思うんだけど、それも通り越しちゃったからどうでもいいと。

人に相談するなんてないね、突き詰めた相談になっちゃうから。

まあ、一番の俺の相談は「お金貸してくんないか?」だな。

「離婚体操第一」ってのもあるんだ。

チャンチャチャチャチャチャチャチャ、腕を大きく広げて慰謝料の計算!

1億、2億、3億、4億♪　ハンコ〜、ペッタンペッタン♪　ハンコ〜、押して、押して、コマネチ♪

それにしても「ラグビーW杯」は盛り上がったけど、あんなにラグビーにファンいるかね?　「W杯」って付けりゃ、客が入るんじゃねえの。

だから「人生相談ワールドカップ　Aグループ」だよ。

買えよ、コノヤロー!

ビートたけし

目次

たけしの人生相談

本書に掲載されている「人生相談」とビートたけしの「回答！」は、
ネットマガジン「ビートたけしの『お笑いＫＧＢ』」
（２０１６年１月創刊号〜２０１９年11月号）からの転載で、
一部加筆修正をしたものです。

ビートたけしの「お笑いKGB」
owarai-kgb.jp

ブスはテーブルマナーのいらない居酒屋だよ

相談1

とにかく頑固な大将がいるというラーメン屋に、興味本位で行ってみました。注文をしてしばらくするとラーメンが出てきたので、すぐに食べようとすると、「おい！」と怒鳴られました。どうやら食べるにも順番、作法があったようでした。しかし、言っていることがよく分からなかったので頭だけ下げて、再び食べようとすると、横の常連と思しき客が「大将が注意してんのに無視すんのかよ！」と突っかかってきました。もはや気分が悪くなり、1000円札を台に置いて店を出ました。「金なんかいらねえ！」と言うと思ったのに、釣りもくれませんでした。仕返しをしたほうがいいでしょうか？

（40歳・男・会社員）

回答！

こういう時はよ、金を貯めて、隣に仲のいい家族ぐるみとか兄弟とかで気楽な

店を作ったほうがいいんだよ。こういう店で嫌な思いをしたヤツが食えるようにすればいいんだ。それか、店の隣にカップヌードルの自動販売機を置けばいい。だいたいラーメン屋で「頑固」とかそういうのを売りにして商売してるヤツがいるけど、ああいうの俺、一番嫌いだから。金払ってなんで文句言われなきゃいけね〜んだよ。バカバカしいって思うんだよ。

それで謝って食ってるヤツいるけどさ、タダなら食うけど、金払ってなんで頭下げて食わなきゃいけね〜んだよ。並んだ後、「何十分待ちだ」とか言われてよ、それでやっと食べられると思った直前に「売り切れました」って何だよ。早く言えよ、バカ野郎！　**たかがラーメン食うために2時間も並んでるバカがいるけど、働けっていうんだよ。**そんな思いするために並ぶんだったら、働いたほうがもっといっぱいいいもん食えるぞ。

相談2

週6度は通っている定食屋で働く女の子に惚れてしまいました。機会を見てたどたどしくも告白したのですが、「そういうのじゃないので・・・」とそっけなく断られてしまいました。以来、私の健康的な生活を支えていた定食屋に行きづらくなってしまい、ほぼ毎日、コンビニごはんの生活です。しれっと定食屋通いを復活させるにはどうしたらよいでしょう？

（38歳・男・ドライバー）

回答！

これはだな、お前、いい車買って、金持ちのフリして、たまに定食屋前にフェラーリか何かで乗り付ければイチコロだよ。女はどうせ、こんな店来るヤツなんか金持ってないんだろうと思ってるからな。

「なまじフランス料理とか三ツ星レストランなんてよくない。こういうとこが一番うまいんだ」って言って、女をその気にさせないとダメだよ。

だいたい、そういう店に来るヤツはお前だけじゃないんだ。いっぱいいるだろ？　そいつらに差をつけるためには、いい車に乗ってくるとか、何気ないプレゼントをしたりだとかするんだよ。電話してるフリして、「何だよ、株下がっちゃったよ。2億円損しちゃったか」って言ったりして、どうなってんだって思わせるんだ。電話口で、「トランプの政策はどうなってる？　貿易摩擦だと困るんだよ。今、日産使ってるんだけど、ゴーンはどうした？　ゴーンを辞めさせたのはいいけど、次のＣＥＯは誰がなるんだ？　俺はやんないぞ。俺に話を振ってもダメだぞ」って。そういうでかいことを言わないとダメだ。

相談3

AVを見ると女性はタマ〇ンやら肛門やらを舐めています。一方で私は、人並み以上の経験人数のわりに、そうした経験がないです。洗い足りないのか・・・。おかしいなあと思っています。

（男・匿名希望）

回答！

これは、あれだな。肛門を舐めてくんないってのは、舐める体勢に自分が持っていかなきゃいけないんだな。**プロレスを見習えっていう。この技をかけてくれっていう体勢に持ってって、そのまま舐めてもらうという。タマ〇ンを舐めさせるような体勢をいつの間にか作る。その技術がないんだ、まだ。**

プロレスは、こう投げるぞっていって投げられるんだから。持ち上げられて自分から立つ。自分の状況が悪くなってもそうするんだから。ロープに投げつけられたら、返ってくるだろ？　ロープで止まればいいのに、わざわざ背中で受けて跳ね返ってくんだもん。走りこんでロープを掴めばいいのに背中で当たって、平手打ちとかを体で受けるために返ってくるんだからな。

プロレスをよく見て技を研究して、女が肛門しか舐められないような形に持っていくんだよ。これを我々は「肛門固め」と読んでおります。

相談4

私の父は戦前生まれの頑固親父です。

そんな親の子である私は、今となっては理不尽なことを言われて育ってきました。

例えば、「男なんだからニヤニヤするな」「何があっても我慢しろ」など。

そんなせいで、顔は無表情で笑顔なんてありません。にもかかわらず、私の今

の仕事は営業職。男でも、やはり笑顔の似合う社員は成績がよく、私は信用してもらうまでに時間がかかります。女でも男でも笑顔が似合うほうに人は集まります。

無愛想な自分ですが、成績を伸ばして人気者になりたいのです。どうすればいいでしょうか？

（52歳・男・会社員）

回答！

会社を辞めろって。会社を辞めて、道路工事の旗を振れ。不愛想でも大丈夫って。一番腹立たしいのは、道路工事の旗振りがニヤニヤ笑ってるヤツだって。人の渋滞喜んでるようなヤツって、たまに轢き殺したくなるっていう。

あれがムッとして、すみませんって。やりたくてやってんじゃないんだって顔して旗振ってたら、「かわいそうな子で、大変なんだろう」って道で止められても許してやるんだよ。ニヤニヤ笑うから、てめぇ、コノヤローってなるんだから。道路工事の旗振りをやれって。

相談５

隣人のアエギ声がうるさくて困っています。夜中の３時頃にセックスしていることが多いのですが、声がデカくて安眠できません。女は三十路も半ばのガサツな不美人で、アエギ声にまったく色気もなく、迷惑なだけなのです。

何かよい対処方法はないでしょうか？　まったくタイプではないブスなので、交ざって３Ｐするという解決は不可能です。

（男・匿名希望）

回答！

これはお前、ちゃんとその声を録音して、同じ時間に大音量で流したい。静かな時に聴いちゃったりなんかするからイライラするんだ。録音して、逆に夜中の3時に大きな音で流してやればいいだろう。

相談6

自分には幽霊が見えます。それを友人に言っても信じてもらえません。どうしたら信じてもらえるのでしょうか？

（34歳・男・会社員）

回答！

友達のところに幽霊で出りゃいいじゃねぇかよ。自分がやれよ。

まあ、幽霊が見えるんだったら、1回、その幽霊ってのはどんなのか、絵描いて見してほしいよな。

もしかしたら、見えてんのは単なる普通の人で、自分が幽霊だと思ってるだけなんじゃねぇのか。

俺も昔、京浜東北線かな？　宇宙人じゃないかなっていうオヤジを見つけて、赤羽で降りたから付いてってたんだよ。そしたら普通に「小林」って表札に書いてあって、「お父さん、お帰んなさい」って声が聞こえてきたから、「あっ、宇宙人じゃないんだ」って。　でも、もしかしたら家族中、宇宙人だったのかもな。

幽霊が見えるんだったら、徹底的に追いかけなきゃな。急に出てきたって言ってもしょうがない。友達に言っても信じてもらえませんって言うのがおかしいんだよ。

幽霊見えますなんて言ってたら、出世しないぜ、こいつ。35歳？　そんなこと言ってたらなぁ。

相談7

行きつけの居酒屋で知り合った常連たちとよく飲んでいます。男女隔てなく、十数名いるのですが、酔った勢いでそのうちの1人の女性とヤッてしまい、子供を授かってしまいました。問題は、男仲間たちと以前から彼女のことを「ブス」だの「誰が手ぇ付けんだ」などと、私も一緒になって笑いものにしてた子なのです。彼女自身はブスとはいえ非常にあちらの〝具合〟がよく、私は結婚を考えていますが、仲間に何と報告してよいやら、恥ずかしさを禁じえません。どうしたら大団円となるでしょうか？

（36歳・男・会社員）

回答！

よくある話だな。手を出した女、本当はみんなヤリたいんだ。それか、その女に引っかかったか、どっちかだよ。女の作戦に引っかかったら、しょうがねえじゃん。一生付き合え。で、たまにどっか遊びに行きゃいいんだから。

いいんだ。ブスはだいたい自覚してるからね。自分以外と女遊びしてもね、結構、許してくれると思うよ。あと、無茶ができる。ブスは気兼ねがいらない。女優とかモデルとか、いい女には言い出せないんだよ。「ちょっと後ろからヤラせろ」とかな。なかなか違った技をヤラせてくんねえけど、**ブスは何でも思った通り。何だろうな？　テーブルマナーのいらない居酒屋みたいな感じかな**。高級フランス料理っていうと、ナイフとフォークで気を遣うけど、単なる飲み屋の何でも箸で食えるようなね。どうやろうと構わない。フォーク付きのスプーンで全部食える（笑）。ブスにテーブルマナーはない（笑）。

相談8

私には中学2年の息子がいるのですが、息子の将来の夢が小3から「お笑い芸人」なんです。子供が見る夢だし、そのうち変わるだろうと思っていたのですが、漫才コンビを組んだり、だんだん本格的に動き出し・・・。先日、大学には進まず、高校卒業後にお笑い活動1本で行きたいと言われました。どうしましょう・・・。やっていけるのでしょうか・・・。

反対はしないし、逆にたけしさんを小学生から追いかけてきた私としては、自分の息子がそんな夢を持っているのを知った時は、相当嬉しかったです。大学なんて行かなくてもいいと思いますが、親としては、厳しい世界だと分かるぶん、突っ走るのが本当にいいことなのか心配にもなります。よき助言をください。

(45歳・男)

回答！

だいたい、お笑い芸人なんか吹き溜まりなんだから。ホームレスが目立つみたいなもんで、しょうがなくて、気がついたら芸人になっちゃったってのが一番いいんだよ。行こうが行くまいが勝手だけど、子供の頃から目指してコンビで面白い漫才やろうなんて、ろくなもんじゃないんだから。天才少年なんか出てきても、大人になったらどうにもなんないぜ。横山やすしさんぐらいじゃない？　でも、やすしさんにしたって、きよしさんがいたからだよ。

お笑いにも旬があって、ディズニーランドと一緒で、子供が大きくなったらもう興味なくなったりして、使い捨てなんだよ。使い捨てられる前に金を稼げればいいんだけど、昔はちょっと売れたってだけで、情けね〜ヤツ結構いるよ。

だったら、漫才コンビを組むより、漫才コンビを扱うプロダクションやったほうがいいよ。それで、あれだよ。自分は大してできなかったくせに漫才教えたり

して、そいつが一番ヘタだったりしてな。散々、売れなかったくせに、マネージャーになったら急に「お前の漫才は――」って言い出してさ。

だいたい、親が子供の面倒を見ようっていう根性がな。漫才やろうなんてヤツは、まずは家出するような覚悟がないと。家出したヤツを、いつの間にか気がついたらテレビで見たっていうのがちょうどいいんだよ。

親の死に目に会えないというか、親が死んでも漫才ができるっていうヤツじゃないとな。

相談9

私は息子の小学校でPTAの委員を務めています。

昔からPTAなんて不倫の温床だろうという妄想が私にはあり、軽い気持ちで同じく委員を務める肉感的な奥さんを飲みに誘い、しつこく関係を求めたとこ

ろ、尋常ではないほど説教されて玉砕。それで話が終わればよかったのですが、翌日からＰＴＡで私が肩身の狭い思いをするのはおろか、学校で息子が「エロ親父の子供」などといじめられるようになってしまいました。誘った奥さんのダンナさんもかなり怒っているといいます。なんとか、引っ越さずにことを穏便に済ませることはできないものでしょうか？

（42歳・男・会社員）

回答！

しょうがないな、これは。小学校は我慢して行くしかねぇじゃねぇか。子供はかわいそうだけど、お前のせいだよな。ヤレるか、ヤレねぇのかわかんねぇのか、お前はって。気づけよ(笑)。自分の顔を鏡でよく見て、自分の収入を考えてみろって。まだモテるか、モテないのかわかんねぇのかって。

引っ越さなくたって、そのうち小学校は卒業するから大丈夫だろうよ。

ただ、他の委員を口説いちゃうってのもあるぞ。それで断られたって、1回も2回も同じだよ。何回もやってみろよ。それで、そっちで成功するかもわかんないぞ。成功すると、今度はＰＴＡが守ってくれるかもしんない。ヤレた女だけと組めばいいんだから。

相談10

来世の自分に「前世は私でした」と気づいてもらえる何かをどうにかして残したいのですが、どうしたらいいでしょうか？

（匿名希望）

回答！

チベット行って、ダライ・ラマにでも会いに行け！

ちなみに俺の友達は「前世はナス」って言われて（笑）。みんなが「戦国武将」だとか「奈良時代の公家」だとか「江戸時代の職人」だとか言われて、1人だけ「ナス」って。だいぶ落ち込んでたな。それに比べたら何だっていいじゃねぇか、どう伝わろうがよ。

相談11

最近、自分の加齢臭が気になって仕方がありません。直接、「臭い」だのと指摘されたことはありませんが、テレビで「加齢臭特集」を見てから意識するようになってしまいました。その結果、昼休みなどに女子社員が私の近くを通るのを避けているような気がしたり、エレベーターに乗り込んでも私の周りだけ空間が広がるような気がして仕方がありません。最近はなるべく満員電車に乗らないよう、早朝に出勤するようになりました。加齢臭が漂ってるかも？　な

んて過敏に気にせず生活する手立てはないものでしょうか？

（50歳・男・会社員）

回答！

加齢臭なんか気にしちゃいけないよ。俺なんかトイレでチ○ポ出した時、チ○ポ臭の臭いこと、臭いこと。情けないよ、お前。チ○ポ出したら、下からプ〜ンと臭ってくる。皮の間にカスが溜まってんだ。これからネエちゃんと変なことしようと思ってたから、急いで石鹸でゴシゴシ洗っちゃって。そしたらネエちゃんに便所開けられちゃって、魂胆が見え見えになったことがある。便所の手洗いで片足上げて大見得を切ってるとこ見つかっちゃったんだよ。俺、市川團十郎かと思った。花道だったら、歩いていくところだったよ。

チ○ポの臭いのに比べたら、加齢臭なんて屁みたいなもんだ。俺なんか、オーデコロンをチ○ポの先にこんなんやって振って、チ○ポが腫れちゃって、ひどい目に遭った。痛くてさ、お前、コロンが尿道に入っちゃって、しみちゃってたまんないんだから。

相談12

弁護士を目指しています。しかし、すでに司法試験には5回も落ち、もうすぐ30歳です。

同じ大学の法学部にいた同期がすでに弁護士としてバリバリ働いているのを見るにつけ、無職の立場が恥ずかしく、あきらめたほうがいいのか悩んでしまいます。それでも踏ん切りのつかない自分はどうしたらいいでしょうか？

（29歳・男・無職）

回答！

1回、万引きか何かして捕まって、いや、万引きよりもうちょっと懲役が長くなるようなので捕まって実刑受けんだよ。その刑務所の中で法律関係の本を読み漁ってればいいだろ。タダで食って、タダで勉強できる環境が手に入るんだから。出てきて弁護士に合格したら、世間の目が凄いよ。映画化されるかも分かんない。ただ最初の段で、人殺したりしたら相手がかわいそうだから、人に迷惑かけないで、なおかつ実刑くらう方法を考えないといけないな。

でも、そういう頭があったら、とっくに受かってるか（笑）。

相談13

3年ほど通っているスナックで、ずっと口説いているオネエちゃんがいます。とはいえ、決まっていつも「あんたは結婚してるから」と言われて、一線を越

えさせてくれることはありませんでした。少し意地にもなっていた私は、今年に入って妻と離婚をしました。離婚を持ち出した理由も曖昧で、揉めはしましたが最後はきちんとハンコを押してもらえました。さあ勝負だと、彼女のもとに通っているのですが、今度は「そもそもタイプじゃない」と・・・。いったい、どうすりゃいいんでしょう？

（43歳・男・会社員）

回答！

金をちゃんと使えって。カミさんと離婚したって、お前、ダメなものはダメ。カミさん以上に金あげりゃいいんだよ。

俺なんか離婚したら、モテなくなるんじゃないかと思ってたら、ありがたいことに、お前、そんな心配する前にチ○ポが勃たない。世の中、うまくできてんなと思うよ（笑）。あれほど女だと思ってたのに、チ○ポが勃たない。**神様はいる**

と思うな、俺は。ヤリたくてしょうがない時は、チ○ポ勃ってしょうがないのにヤレなくて。さぁ、ヤレるぞって思ったら、今度はチ○ポが――。

それはそれとして、そもそもタイプじゃないっていう。金がないってことだよ。43歳、会社員で、お前、3年程、ヤラせないスナック通ってるって、相当貧乏だぞ。だいたい、半年以内でどうにかならなきゃ、あきらめろよ。3年経ったら、いいバカな客だよ。常連さんのバカだよ。その金あげたほうがよかったのに。

相談14

私はリバウンドして、かなり太ってしまいました。それでも最近、彼ができたのですが、出会って3カ月、まだセックスができません。裸を見られるのが怖いんです。またダイエットをしていますが、痩せるまで私もガマンができません。真っ暗でするべきか、服を脱がずにするべきか、悩んでいます。

（女・匿名希望）

回答！

3カ月でセックスができねえって、男だって別にヤリたかねぇんだよな。ダイエットの問題じゃなくて、わざわざヤリたくないんだよ、お前と。太ったせいにするんじゃないって。

相談15

コツコツ貯めた貯金も、ストレスが溜まってムシャクシャすると全てパチンコに使ってしまいゼロです。
賭博の才能がないため、結局、数カ月の努力を1日のパチンコで使い切ってしまいます。どうしたら、パチンコに行かないようになりますでしょうか？

（34歳・男・サラリーマン）

回答！

パチンコに行かなくなったって、パチンコをソープランドに替えても同じだよ。一番いいのは、一番有名なレストランでメシ食うことだな。そのために金を貯めて、高い中華とかフランス料理を1人で食いに行って、その後にしたウンコをじっくり観察するぐらいじゃないと。

それで出たウンコの写真撮って、メールで送ると。これがブルゴーニュのウンコだって。牛の頬肉のナントカだとか検索したって分かんないのも食べられて勉強できんだから一石二鳥だろう。

相談16

去年の冬に第1子が産まれました。あまりのかわいさに将来が不安でなりません。私が死んだらどうなってしまうのか？ 誰でも当たり前の「死が」怖くなってしまいました。何かこの子に遺してあげられるものはないでしょうか？

（匿名希望）

回答！

これは、自分の親のことを考えればいいんだよ。

自分の親が自分に何を遺してくれたか、自分がどう感じたかを考えればね。

心配する必要はないんだよ。人は勝手に産まれて死ぬんだから。

何してやったって、親にずっと感謝するわけがない。

オンナでもできたら、オンナに会うために親を殺すヤツもいるんだから、子供は悪魔だよ。1人じゃ生きられないから天使の格好をして、親がかわいがってあげるから逃げないけど、大きくなったら逃げるの。でも、動物は他の動物に狙われるから、生まれてすぐ走ったりするだろ？　人間はそれが遅いだけだよ。必ず反抗期ってあるんだから。心配しないでいいよ。

風俗嬢にだって「今日は処女」って言葉があるぞ

相談17

男と知り合って遊んでもセックスだけで、恋愛の仕方を忘れてしまいました。付き合うまでいかない女なのでしょうか？

（女・匿名希望）

回答！

男と知り合って遊ぶのを「セックス」って言うんだ、バカヤロー。「恋愛の仕方」って、それが恋愛なんだ、バカヤロー。男と知り合って、遊んで、セックスするのを、我々は「恋愛」と言うんだ。何を言ってんだ。

相談18

同窓会から帰宅した夫が、１歳になる息子のおちんちんの皮をどうにかしてあげてくれと言います。聞くところによると、剥いてあげたほうがいいと周りの友人に言われたそうで・・・。
私も気になって調べたところ、情報が多すぎて混乱してしまい、検診の際、医師に相談したところ、「自然と剝けるからそのままにしておいていいよ！」と言うのです。それを夫に伝えたら、「いや、記憶にないけど。自然と剝けない」と言い張るので、セカンドオピニオンが必要です。どうかよろしくお願いいたします！

（女・匿名希望）

回答！

「高須クリニック」のセカンドオピニオンで、北野医師によるとだな、包茎は自然と剝けるわけではなく、親が剝くわけでもありません。物心ついた頃、本人が風呂場で他人のを見て、自分の皮が剝けてないのに気づき、自分でこっそり剝いてみるものです。そこまでは待ちなさい。私も自分で剝けました。ほっといたほうがいい。自分で剝く気になるまで待ちなさい。ちなみに、うちのおじいさんはまだ包茎です。

相談19

我が家は一軒家で小型の室内犬を４匹飼っているのですが、しつけが悪いのか、何かの拍子に１匹が吠え出すと、深夜や早朝だというのに競うようにみんなで「ワンワン！」「キャンキャン！」と始まってしまいます。ご近所から怒鳴り込まれたことは数知れずで、ついには自宅ポストに「里親募集」のチラシや殺処分する施設の住所が書いたメモが放り込まれるようにまで

なりました。圧力に負けて愛犬たちを手放すのがいいのか、あるいは、こういう状況でもご近所とうまくやる方法はありますでしょうか？

（46歳・男・自営業）

回答！

お前が犬を4匹飼ってるっていう考え方がおかしいんだって。

4匹に飼われてるという考え方にする。逆転の発想だよ。

犬以上に「ワンワン！」「キャンキャン！」って言って、部屋の中でウンコ垂れてりゃ、お前を心配して、犬が親代わりになって舐めてくれるよ。

そうすりゃ、もう犬は「ワンワン」言わなくなるから、まずはお前がもっとひどいことをやれと。あの名古屋のゴミ屋敷のオヤジの強制退去を近所の人がした覚えはないんだから。人間がやれば大丈夫なのに、犬や何かには言うって差別してんだって。

だから、お前がフルチンになって、朝、近所で片脚上げて立ち小便するとか、這いつくばってウンコするとか。それでキャンキャンって言いながら帰ってくれば、もうね（笑）。何も言わないのに、犬が家出するかもわからないよ。1カ月も続けりゃ、簡単だよ。犬どころか、カミさんも社会的な地位も逃げる（笑）。

相談20

私は30にして童貞であります。これまでに彼女がいたこともなく、当然ながら、接吻すらしたことがありません。この先も、モテそうにない私です。風俗店に行こうか迷っております。しかし、1発目は素人と交わりたいという思いも捨て切れません。どうか助言をお願いできますでしょうか。

（30歳・男・アルバイト）

回答！

図々しいな。だいたいね、素人っていうけど、風俗だって朝早く行けばいいんだから。一番の客なら、その日の一番だから、その日、その女は処女だよ。**「今日は処女だ」って言葉があるんだから。**わかりゃしねえんだよ。ヤッた結果なんだから。

相談21

交際して1年になる、バツ2の男性と結婚したいと考えています。彼に過去2度の離婚理由を聞くと、「元妻たちに暴力を振るってしまったから」と素直に話してくれたので、正直な人だと思っています。原因は元奥さんの借金や浮気だったそうです。もちろん、これまで彼が私に暴力を振るったことなどありませんし、私は借金も浮気もしません。友達に話すと、「絶対、飽きられたら殴

られる」と結婚に反対するのですが、いかがなものでしょうか？
（31歳・女・OL）

回答！

こういうヤツが一番危ないんだよな。「正直に暴力」なんてよ。正直に言うヤツが一番危ないんだよ。

こいつはまた、どんなことがあっても殴るぞ。普通だったら、「暴力を振るった」なんて言わないからな。こんなにクソ真面目なバカはいないよ。クソ真面目なバカほど危険なヤツはいないからな。

普通はよ、暴力を振るった理由は、凄く自分が嫌いなことを相手がわざとしたからとか何かなんだろうけど、殴ったのを正直に言っちゃうヤツってのはそうじゃないんだよ。

戦時中のA級戦犯みたいなもんで、ひいては、靖国問題に繋がるんだよ。正直に言っちゃうっていうのはそういうことで、こんなヤツと付き合わないほうがいいと思うぞ。

相談22

私には遠距離恋愛をしている恋人がいます。結婚も視野に入れて、2年程交際をしているのですが、最近、彼女が妙なことを言うのです。

いわく、会社の役員から「お手当を渡すから愛人になってくれ」と持ちかけられている、と。彼女の説明では、一緒に食事をしたり、服を買ってもらったり、温泉旅行に出かけたりはしているものの、お金だけもらって一切ヤラせていないと言うのです。とはいえ、ほかの男と旅行にまで出かけるなんて、こちらは心配でたまりません。そもそも、ヤラせていないというのも本当でしょうか？

私はどうしたらいいでしょう？

（28歳・男・会社員）

回答！

ヤラしてるに決まってんじゃねぇかよ。お前にこれを聞かして、お前からもせびろうとしてるだけだろ。お手当もらって、それ以上のものを求めてるわけであって、ほっとけよって。ヤキモチ焼かせて金を取ろうという、よくある手段だよ。だから、何を買ったか見せてもらえって。それがいくら程度かすぐ分かるだろう？　これ、同じことを相手の男にも言ってるかもわかんねぇぞ。遠距離恋愛だから、東京に行くって言って、その相手の男にも同じこと言って、東京で何か買ってもらってって。「ヤッてません」とか言ってるかもわかんねぇよ。狩野英孝みたいなヤツかもしんないよ。

相談23

昔から寿司が好物なのですが、１人で値段の書いてない寿司屋に入ることができません。それなりに手持ちの金がある時でも、１人でカウンターに座ることを想像すると、目の前の板さんから足もとを見られるのではないかと不安を覚えるのです。そもそも、板さんと何の話をしていいかもわかりません。そんなビビリの私はどうすれば１人で寿司屋に入れるでしょうか？

（33歳・男・会社員）

回答！

１人で寿司屋に入れない。

寿司屋でカウンターに１人で座るのは常連さんか、よっぽどの田舎もんしかないぞって。普通は２人以上でカウンターだから。

だいたい、目の前の板さんと話したってしょうがないんだから。板前と話せるのは常連で、常連でもないのに板前と話そうっていう根性が田舎もんだよ。

ビビリの私はどうすればいいんだって、もっと一番セコい客を演じてみたらどうだ?

三ツ星で有名な高級店で、ガラッと開けて「2000円しかないんだけど?」って。1500円ぐらいがいいかな?「1500円ぐらいしかないけど、冷酒のいいのと、いいところ適当に」って。「おつまみと最後に大トロ入りの1人前の握りを食って、1500円でお願いしたいんだ」って。

それで満席だったら、「ちょっと席詰めろ。イス持ってこい」って言って、「来んな、この野郎!」とかいろんなこと言われたら、もう大丈夫だよ。

怖いもの知らず。そのへんの安っぽい寿司屋に1人で座れねぇなんてのは、はなから想像が小さい。

それか、回転寿司行って、ちょっと先の長い箸を隠し持って、1個パッとつまんで食って、知らん顔するという。そうすっと、1個しか乗ってない寿司がグルグル回って、奥のほうがざわついて――。きよしさんが1回つまみ出されたことがあるんだ。皿取らずに1個ずつ取ってたら、「お客さん、お皿取ってください！」って。

あとは、串焼き屋とか焼き鳥屋で串を捨てるヤツがいるから、それと同じで、回転寿司で皿を隠しゃいいんだ。皿はオーバーの中に入れちゃう。2枚ぐらい皿持って、「これしか食ってない」って。皿をうまいことオーバーの中に入れとけば、殴られても痛くない。アメリカンフットボールだと。逆転の発想だよ！

それから、もっと汚ねぇのが、「この店には凄い有名な板前さんがいるって聞いて、私も寿司屋なんですけど、ちょっとカウンター座って仕事見させてください」って。たまに「それはどうやって作るんですか？　うまそうですね。切り方も違いますね」そのうちに「何かどうぞ」って出てくるから、それで「勉強になりました」って逃げりゃいいんだから。

ただ、これは専門知識がいるんだよ。光り物の名前とか間違えちゃいけない。

アジなのにブリなんて言って怒られちゃうからな。

相談24

フリーターの息子が〝デキ婚〟しましたが、職が不安定で家族を食べさせるのが難しいため、実家で同居することになりました。それはいいのですが、連れてきた嫁がけっこう巨乳で、露出度が高い服装で家の中を歩いています。すれ違う時には〝女の匂い〟が漂ってきて、毎日、たまりません。欲望と戦ってはいますが、いつか抑えがきかなくなりそうで困っています。間違いを起こさないアドバイスをいただけますか？

（62歳・男・自営業）

回答！

これはお前、息子夫婦が出かけたあと、盗聴器を仕掛けて、のぞき穴を開けるんだ。盗撮のカメラも一緒にちゃんと秋葉原で買ってこなきゃダメだよ。今、いいのあんだから。

できたら小遣いを奮発して、息子夫婦を海外旅行かどっか遠くに行かせるんだ。その間に思いっ切り部屋の中を改造しないと。ほいで、うまくいきゃ売れるじゃん。金なんかすぐ回収できるよ。いい金づるが見つかったと思わなきゃ。

相談25

私は緊張やストレスなどがすぐお腹にくるのですが、何か緊張しないためのコツはありませんか？

（45歳・女・保育士）

回答！

やっぱりね、緊張とかストレスってのはね、自分が大したもんだと思ってるからなんだよ。恥かきたくないんだよ。それがダメなんだよ。お腹にくるんだったら、ウンコ垂れ流して。「あの、ちょっとケツ臭いんですけど、何か垂れてますか？」って言われたら、「あれ？　いつの間に？　あっ、漏らしちゃった」って言えばね。垂れ流すことすら恥ずかしがらない。**初めてのストリッパーがコーマン出すのと同じだよ。ご開帳しちゃえばわかんねぇ。**

外国人が銭湯入るみたいに、初めて他人のチ○ポ見る勇気、それを考えなきゃいけないんだよ。外国人なんて、慣れてくっと、今度は大げさに出しやがるんだ。あれは許せないよ！　あれを見て俺は、「あ、戦争に負けたんだ」って。負けた理由がよくわかった。捕虜になんなくてよかったよ（笑）。

風俗嬢にだって「今日は処女」って言葉があるぞ

相談26

先日、妊娠中の妻が不倫をしていることが発覚しました。相手は妻が働いている損害保険の会社の上司です。昨年結婚をし、妻は妊娠6カ月になります。私が初めて妻に中出しをした時期と妊娠をした時期から考えると不倫相手の子とは考えにくいですが、DNA鑑定は必要でしょうか？　妻のことはもう許しており、私は収入も少ないので、できれば無駄な鑑定費用は払いたくありません。ちなみに初中出しは結婚してから1年目になります。これが人生初めての中出しです。

（28歳・男・会社員）

回答！

お前、言ってることが分かってんのか。28歳で中出ししましたって、何を真面目に言ってんだ。DNA鑑定は必要でしょうかって、だいたい、子供の学校の成

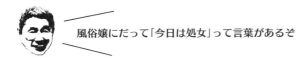

績見てバカだったら、お前の子だ。バカとかブスとかだったら、みんな、お前の子だ。トンビがタカを産むわけないんだから。もし自分より全然良かったら、それはその上司の子だろう。働いてるのが損保だったら面白いのに。お前が損保じゃねえのか。

相談27

私には付き合って半年になる彼氏がいるのですが、先日、彼氏の友達と一緒にご飯を食べた時、彼氏の友達が机の下で、いきなりわたしの手を強く握ってきました。もちろん彼氏は気づいていませんでした。それ以来、もう彼氏の友達のことで頭がいっぱいになり、何をするのにもあの時の手の感触が忘れられず、思い出しては心臓がドキドキして体が熱くなります。最近では彼氏と彼氏の友達のことを比べてしまう自分がいます。そして、思い切って彼氏の友達に抱か

れてしまいたいと熱望する私までがいます。たけしさん、こんな私はいけない女でしょうか？

（29歳・女・OL）

回答！

私にも同じ経験があります。私は手を握ったつもりが、男のほうを握っちゃって。それ以来、握れなくなりました。あなたは運がいい！

私は間違えて、相手の股間を触ろうと手を伸ばしたら、タマ〇ンだったんです。横にいた男のタマ〇ンを握ってしまって、いまだに追い回されています。あなたはいいほうです。これ幸いと、二股をかけるべきでしょう。

相談28

数年間にわたり二股をかけていたのですが、一昨年、本命ではないほうの女性と〝デキ婚〟と相成りました。それも人生だと思い、無事に子供も産まれたので、それなりに幸せを感じていたのですが、昨年秋頃、元本命の女性を自宅近くで見かけるようになりました。何も話しかけてこないのですが、こちらの姿を確認すると、じーっと見つめてくるばかり。ベビーカーを押している時など気まずくて仕方ありません。どうしたものでしょうか？

（33歳・男・サラリーマン）

回答！

何だよ、楽しいじゃねぇか。**タダでヤれるチャンスだろ？　サラリーマンの夢はこれだろう。**これがやりたくて、みんな、苦労してるのに。棚ボタどころじゃないじゃねぇかよ。棚からコーマンじゃねぇかよ、お前。これをありがたいと思わなくて、ほかに幸せがあるのかっていうな。

風俗嬢にだって「今日は処女」って言葉があるぞ

相談29

私はサラリーマンで毎朝、満員電車に乗って通勤しています。そんな私が毎日おびえているのが痴漢の冤罪被害です。満員電車って、その気はなくても女性に触れてしまうことが多々あるので、そんな時に女性からギロッとニラまれたりすると「痴漢！」と叫ばれやしないか怖くてたまりません。私は独身で、見た目も良くないので、痴漢に間違えられてもおかしくない条件が揃っています。痴漢に間違えられた時、どう対処したらよろしいでしょうか？私が考えた対処法は、「捕まったらすぐにチ◯ポを出して勃起していないということを証明する」という方法です。自意識過剰なブスのババアほど痴漢被害を主張するケースが多いので、「お前なんかで勃ってないぞ！」ということを体で

証明したいなと――。いかがでしょうか？

（35歳・男・会社員）

回答！

バカヤロー！　勃起してないことを証明するって（笑）。

お前、笑かそうとしてるだけじゃねえか！　相談してないだろ、お前（笑）。ただの漫談じゃねえかこれ、バカヤローって。お前の漫談に付き合ってるヒマはねえよって。でも、結構おもしれ～な。

人生相談の振りして売り込みじゃね～か（笑）。

相談30

近頃、無職になった私は就職活動をしていますが、なかなか決まりません。今までお世話になった家族や親族に対して申し訳なく、合わせる顔もありません。足を向けて寝ることもできず、いろいろと寝る方角を変えていると、ついには立ったままでしか寝ることのできない状況になった次第であります。喫緊の問題です。何か打開策を教えていただけないでしょうか。

（30歳・男・無職・童貞）

回答！

足を向けて寝れない？　足に手袋はめりゃいいんだよ。足に手袋はめて寝りゃ、足じゃない。足に手袋履いて、布団から出して、手を隠して寝れば大丈夫。かえって、あったかくていいぞ。

相談31
青森出身の自分は訛りがひどく、人前で話すのが恥ずかしいほどです。どうすれば訛りなどを気にせず、人と話すことができますか?
（26歳・男・フリーター）

回答!

フランス語を勉強しろっていうんだよ。ズーズー弁なんだから。一生懸命、フランス語を勉強して、フランス人だって言い張れ! フランス帰りの男になればいい。どうせフリーターなんだから。

あの青森弁とかナントカ弁とかわざと使って、それで売れようとするヤツがいんだよ。そういうのはセコいタレントなんだ。

相談32

たけしさん、初めまして。32歳、女性、会社経営者です。私は、肥満とまではいかないまでも、ちょっと太っています。慎重１６４センチの69キロです。痩せたい！　とまでは思いませんが、あと５キロ落としたい！　と思って、もう２年ぐらい過ぎました。

でも、仕事は食べ物屋だし、何より食べることが大好きです。女性は痩せているほうが美しい、というのはどこかでわかっているんですが・・・。殿も、太っているより、痩せている女性のほうがお好きですよね？

（32歳・女・会社経営者）

回答！

いや、太ってんのがいいに決まってんじゃねえか。**ガリガリより太ってたほうがいいよ。ブスとデブが一番いい。**ムチャなことやっても文句言わないっていう。

きれいなモデルみたいなヤツは、エッチはヘタだし、ヤラせるまで気持たせやがってね。金は取るわ、カバンは買わせるわで、やっとヤラせてもオナニーに近いっていう。

そんなつまんないヤツより、いい仕事するほうがいいに決まってるよ。風俗なんかでも写真で選んだりすると、とんでもない目に遭うよ。いい女だと思ったら、たいていヘタクソなんだよ。指名が来なくなると一生懸命やるから丁寧、かゆいとこまで舌が届く！

相談33

私は小学生の頃から、ずっとずっと、たけしさんが大好きです！　私はテレビでたけしさんが女性のことを「オネエちゃん」と言っているのを小さい頃から聞き続け、たけしさんに「オネエちゃん」と言われている女優さんやタレント

さんたちがうらやましくてたまりませんでした。しかし、そんな私も44歳になってしまいました。たけしさん、こんな私はもう「オネエちゃん」ではありませんか？

（44歳・女性・介護職）

回答！

俺があと10歳若かったらな・・・。手を出すんだけど・・・。

今、パンツを脱ぐ時は便所しかないよ。

たまには便所以外で脱いでみてえって思うんだけど、便所と風呂以外で脱いだことねえもんな。

いや〜、残念なことしたな。ちくしょっ！

ウンコは「黄金」と言えばいいんだ

相談34

44歳にもなって、10年前にフラれた女性のことが忘れられません。彼女がアダルトビデオに出演していた過去を知って、それとなく本人に聞いてしまってから、距離を置かれました。今でも運命の人だと思ってしまいます。どうしたら、忘れられるでしょうか？

（44歳・男）

回答！

アダルトビデオ出てたって、聞いちゃいけないよな。宝物に当たったみたいなもんだよ。ラッキーじゃないか。それを本人に言っちゃまずいよ。自分で何となく心に閉まって、「こいつ、昔は遊んでたんだな。だからうまいんだ」って。

金脈を掘り当てたのに、みんなに言ってどうすんだよ。そういう根性だからダメなんだよ。運命の人だったら余計じゃねぇかよな。

だから1回、汁男優をやって、考え直そう。新しい世界が見えてくるから。

相談35

亡くなった妻の遺影の前でSEXをしてしまいました。相手は飲み屋で知り合って、その日のうちに自宅まで連れ込んだ素性のよくわからない女です。不倫をしたわけではないのですが、異常に罪悪感を感じています。このモヤモヤはどうやって晴らせばいいでしょうか？

（51歳・男・自由業）

回答！

お前、女に気持ちを聞いてみろって。お前のカミさんの前でヤッた気持ちを聞いたほうがいいぞ。お前の問題じゃないよ。ヤラせる女の問題だぞって。女に聞けよ。
だいたい51にもなって、カミさんの遺影の前でヤッてモヤモヤが消えないって、何やってんだ、お前。女に聞けっていうんだよ。

相談36

高校を出てお笑い芸人を目指して挫折、「日雇い運転手」になり、その次に「バスの運転手」に転身しましたが、今また、次は何をしたらいいか悩んでいます。教えてください、たけしさん！

（46歳・男・ひでしん）

回答！

いや、だからバスの運転手やりながら漫談やればいいんじゃねえか。「おっと、人轢いちゃいました」とか言って、ババア轢いたりよ。「信号無視して轢いちゃいました」とか、「ちょっと崖がありますから落ちてみますか」とか言いながら、客を恐怖と笑いで包み込んだよ。「前が見えない」「なんか頭がクラクラする」「ドアが分かんなくなっちゃった」「ハンドルが回んない」とかってマイクで実況中継しながら、「あ！　危ない！」とか「今、轢いたんじゃねえかな？」とか言えば人気出るよ。

ただ、インターチェンジであれだな。高速の休憩所で便所に降りたヤツが何人帰ってくるか。誰も帰ってこないこともあるだろうな。

相談37

今年の春から就職をしまして、上司に誘われてお酒を飲みに行く機会が増えました。自分はあんまりお酒が強くなく、ビール３杯ぐらいでもどしてしまいま

す。体質と言ったらそれまでですが、少しでも酒が強くなるためにはどうしたらいいでしょうか？

（23歳・女・会社員）

回答！

酒はホステスに習ったほうがいいな。飲んだフリして、もう1回戻しておいて、客がどっか行った時に捨てて。

飲まなくたって、口の中に入れるだけで吐き出したっていいんだから。上司がトイレ行った隙に上司のコップの中に入れちゃったり何だりでいいんだよ。頭を使って飲まないと。

酒なんか強くなんなくたっていいんだよ。女の酒の強いのって一番タチが悪いんだよ。この間、女から背中さすられてるヤツがいたよ。吐いちゃって、女が「大丈夫？」って。女が「送ってこうか？」っつって。

ゲロ吐いて、女に送られるぐらい恥ずかしいことはないぞ。

浅草で前からゲロ、後ろからウンコが出てて、顔見られないように体を回してるヤツがいたんだよ。それでも出し続けてて、「お前はスプリンクラーか！」ってツッコミが（笑）。

いろんな人が来ないほう、来ないほうにケツ向けて、顔見られないようにケツ向けてんだけど、いろんな路地や何かいろんな所から人が出てくると、「汚ねっ！」っていう。ケツばっかし向けて、顔は関係ないようなフリしてんだけど、ゲロも吐いてるんだよ。だから、どう見てもスプリンクラーなの（笑）。

相談38

法事で久しぶりに会った、伯父の娘が物凄くかわいくなっていたので、親類たちには内緒で連絡先を交換し、後日に会ってヤッてしまいました。今では付き

合っていて、お互いに結婚してもいいと考えています。とはいえ、いとこ同士の結婚は親、親族への説明が非常にデリケートです。別れた時のリスクや産まれてくる子供の問題など、両家ともに反対するのが容易に想像できます。もちろん、付き合っていることを打ち明けることすら勇気がいります。まるで、いとこ同士だからメリットがあるような言い分で、親類たちを納得させられないものでしょうか？

（28歳・男・サービス業）

回答！

悪い野郎だな、この野郎。でも、よくヤる気になったな。もうちょっと、遺伝子的なリスクを考えろってんだ。いくらかわいくたって、肉親とヤるようなもんだぞ。お前。相当、昔風のヤツだな。エジプト時代ならあれだけど、原始人みたいなこと言ってるな。

そいで、会ったのが法事だって。法事で会った親類の娘をヤッちゃぁいけないだろう。とんでもない人でなしだよ。メリットがあるような言い分？　図々しいこと言ってんな。こういうのは、才能がありゃ文学に変えるんだよ。ヤッちゃっちゃあしょうがないよ。

相談39

私は夫が何の仕事をしているのか知りません。交際する以前から「投資みたいな仕事をしている」としか聞かされずに結婚してしまい、その後も毎月、一般的には多めのお金を家に入れてくれるので、不自由はなく、改めて聞くことをしていませんでした。とはいえ、明細の類いを持ってくるわけでもなく、「事務所に行ってくる」と場所も告げずに、毎日違う時間に出て行く姿を最近、怪しむようになりました。今さらですが、夫からそれとなく仕事内容を聞き出す

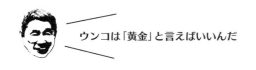

方法はありませんでしょうか？　安心したいです。

（37歳・女・主婦）

回答！

これはあれだよな。夫に「今度、これ入ろうと思うんだけど」って、「円天」とか「ＫＫＣ」とかのパンフレット見せるんだよ。それで止めてきて、「もっといいのあるよ」なんて言ってきたら怪しいぞ。

そしたら、もう2人で組んじゃうっていうのはどうだ？　「お母さん、ダマさない？」って。「金なくてしょうがない」って言って、もっとお金をせしめる方法を考えるほうがいいだろう。それで満足してるからダメなんで、「もっと金を入れろ」って。相手の上を行かないと。

そもそも一般的には多めのお金をもらって不自由はないって、いいじゃねぇかなぁ。うまいことお金を隠して、いずれ離婚するんだからよ。どうせ逃げりゃいいんだよ。何も知らなかったで済ましゃいいんだから。

相談40

私はオタクです。アニメ、マンガ、声優、コスプレイヤーなどが大好きです。実家住まいなんですが、自室にはマンガが６００冊以上あります。壁にはアニメのポスターがいたるところに貼ってあります。夏と冬に東京ビッグサイトで開催される コミックマーケットには、毎回欠かさず行っています。こんな私も三十代にはなりましたが、恋愛や結婚にはまったく興味がわきません。こういうオタク趣味を一生続けていいのでしょうか？

（30代・男性・事務職員）

回答!

「一生続けなさい」だよな。うらやましいぐらいだよ。一生かけて、これで生きていけるんだったら、もう、あんたは偉い！　夢のような話じゃねえか。

相談41

6歳の娘が小児科から常用薬を処方されるようになりました。当初は粉薬だったのですが、飲ませようとすると「にがい」と言って吐き出します。そのため医者に相談してカプセルで出してもらうようになったのですが、今度はゼリーやアイスクリームに混ぜ込んでも飲み込むことができません。うまいこと子供に薬を飲ませる方法はないものでしょうか？

（41歳・男・会社員）

回答！

ずいぶん真面目な相談だな。間違って俺の所に来たのか？　俺はガキに薬を飲ませる方法なんて知らねぇよ。
どっかのクラブか何かの売人に聞いたほうがいいんじゃねぇか。芸能人に売りつけた売人に聞いたら、「楽しくなるよ」とか「ハイになるよ」って言うだろ？
俺に聞くな（笑）。

相談42
女性とセックスする際に悩むことがあります。不思議と、コンドームを装着するとイクことができません。そうなると挿入する時間が長くなり、摩擦の関係なのか性病のせいか、女性もアソコが乾いてくるようで「痛い」と嫌な顔をされます。生ならすぐにイケます。ただ、生だと妊娠が不安です。1回では足ら

ず、2回、3回はするのですが、何回目が一番危ないですか？　残り汁、我慢汁等あり不安です。分かり次第、危ない回はコンドームを付けようと思います。

（男・匿名希望）

回答！

女のコーマンに着けるテンガってないのかな？　コーマンの間にテンガ入れとけばいいのにな。それでコンドーム外して、女の顔に被したほうがいいな。どうせ大した顔じゃないんだから（笑）。

相談43

半年ほど前に子持ちのバツイチ女性と結婚しました。同居することになった相手の子供は高校2年生男子で、まだよそよそしく「くん付け」で呼んではいますが、関係は良好だと思います。それでも年頃の男子だけに、夫婦の営みをする時には気を遣います。どこかで耳をそばだてているのではないか、俺のお母さんを抱いてやがると内心は怒っているのではないか、と気にするとおちおちチ○ポも元気になりません。子供が学校に行っている時間は、当然ながら私も仕事の時間帯で、昼間にセックスをするというわけにもいきません。何か知恵はないですか？　ちなみに妻は41歳です。

（49歳・男・銀行員）

回答！

銀行員(笑)。こいつ、ウソつきだぞ。**お前、ウソついてんだろ、バカヤロー(笑)。俺がウケるようなことをわざと書いてんだろ。「チ○ポも元気になりません」なんてのは怪しいよ。**作ったな、コノヤロー(笑)。49歳、銀行員、ウソつけ！

銀行員か区役所員か。お堅い仕事やってるヤツはみんな、スケベなんだけど、「農業」とか何とか書いとけ、お前。
いくつのカミさんなんだよ？ 41歳？ 40ぐらいで、そんなにヤリたがらないっつうんだよ。昼間にセックスができません？ 知らないよ。だいたい、子供に見られるって、どんな狭い家に住んでんだよ？ 高校生ぐらいだったら、自分の部屋あんだろ？ そんな狭いの昔の俺ん家ぐらいなもんだぜ。

相談44
第1子を出産してから夫とセックスレスになってしまいました。正確には第1子の妊娠が発覚してからシてないので、もう2年になります。
夫婦仲は良好ですし、私も夫も第2子を望んでいるのですが、あまりにもご無沙汰すぎて、そういう雰囲気になれません。どうすればよいでしょうか。
（37歳・女・主婦）

回答！

セックスレスが2年？　2年なんか甘い！　俺なんか40年間だよ。ほかの女だって2年ぐらいヤッてないよ。たぶん一生で何回って、数が決まってんだろうな。

で、夫も望んでるっていうけど、子供作ろうと思ってヤッてるヤツはいないよ。ヤッた結果が子供できただけなんだよ。

子供が目的なんだったら、人工授精のほうがいいよ。ダンナに3Dのエロ映画観させて、コンドームに出して、それを子宮に入れたほうがいいよ。37って、正直な話、ヤる気しないよ。子孫を残すためにヤるっていうのは動物だけで、人間はエッチだけがしたいんであって、子供はいらないんだよ。それじゃなきゃ、風俗が流行るわけないんだよ。

で、子供なんて持ったって、そのうち嫌がられて終わりだよ。生意気になるし、小遣い少ねえぞとかぬかしやがるし、こっちが体悪くなったら、今度は姥捨山にでも捨てようって。財産も全部、保険かけて取られてね。介護なんか他人に任せられて、自分でやろうとなんてしないから――。ここまで言わなくてもいいか（笑）。

相談45

私は20代の頃よりずっと水商売にどっぷりとつかり、ホステスだけをしてきました。かつてはそれなりに指名客も多かったので、稼ぎも悪くありませんでしたが、年とともに肌の衰えが目立つほどに、人気店にはいられなくなり、今では時給の安い場末スナックでもあまりお客さんに求められなくなりました。もう潮時かとも思うのですが、もはや自分はホステス以外の仕事などできません。どうやって生きていけばよいでしょう?

（51歳・女・ホステス）

回答！

51歳だから、何だ？　コンビニとかの店員になってだな、気に入った客にはヤラせればこっちもコンビニエンスだから。開いててよかった（笑）。

ヤラせれば、お前、ホステスなんかよりいいぞ。銀座なんか行ったたって、服にも金がかかるけど、コンビニは制服があるんだから。中には店員とヤリたいっていうのがいるぞ。コンビニの制服着たら、ひとつのキャラクターじゃないか。「まだオプションがありますよ。持ってきましょうか」って。便所まで行くんだけど、電子レンジがチンッて鳴ったら終わり。弁当を待つ間だけ便所でヤラせるっていう。これなら弁当も売れるだろう。

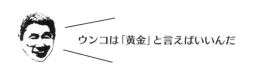

相談46

最近、妻がまったく家事をしなくなってしまい困っています。病気でもないのに寝てばかりいるんです。結果、妻の分まで食事を作り、洗濯やゴミ出しまでやってから会社に出勤しています。なんだか憂鬱になってきて、自分のほうが布団にこもりたい気分なのですが、どうしたらいいでしょう？

（35歳・男・会社員）

回答！

こういうのは自分もやんなきゃいいんだよな。給料も入れないんだ。それで自分だけ朝からいいとこでメシ食って、帰りも酒飲んで帰ってきて、うちで倒れてりゃいい。カミさんに「金よこせ」なんて言われたら、「仕事しないで何が金なんだよ！」って怒鳴りつければいい。できたら、ソープランドだって行っていいんだよ。だいたい洗濯やゴミ出しまでやらせておいて、自分もメシ食おうなんてとんでもないよ。なんならカミさんにゴミ出しさせて、「隣の家のゴミでも漁れ」って。何か金目のもん出てくるかもわかんねえからな。

相談47

会社の後輩夫婦にもうすぐ第１子が誕生します。後輩の嫁は昔、アゴがシャクレていたらしく、手術で治した過去があります。そこで後輩は、子供にシャクレアゴが遺伝しないか今から怖くてたまらないそうです。嫁に相談するわけにもいかず、悩んでいます。気持ちが軽くなるようなアドバイスを頂けませんでしょうか？

（男・匿名希望）

回答！

あご勇を見習えって。アゴ&キンゾーなんて、地方の営業でアゴ触らして、「ご利益がつく」って言って、それで金儲けしたんだから。なんで、マイナスのイメージなんだよ。「アゴ神社」って作ったっていいんだから。特徴的な顔で、映画スターになるかもわかんねぇし。今、いい男もいい女も分かんなくて、どんどん個性的になってるからな。

だいたい、会社の後輩夫婦の子供って、そんなこと心配してどうすんだよ。自分のことじゃなくて、後輩夫婦の子供のアゴなんか心配してる日には、何なんだよ、お前って。もうちょっと悩むことあんだろ（笑）。北朝鮮のことを少しでも考えろよ。トランプとか北朝鮮のことを考えろよ。アゴなんかどうだっていいんだよ（笑）。

相談48

正月休みに田舎の実家に帰ると、母が知らないジイさんと暮らしていました。父とは死別して10年以上経つので、問題があるわけではないのですが、そのジイさんが僕の名前を呼び捨てにし、やたらと父親面をするのです。しかも父が生前に着ていた服を我が物顔で着用しているのも気に入りません。帰省するたびに感じるかもしれない、この居心地の悪さをどうにか解消できないものでしょうか？

（46歳・男・芸術家）

回答！

46歳、芸術家（笑）。芸術家が家に帰るんじゃないって。46歳にもなって家に帰る芸術家がどこにいるんだよ。だいたい、生前の親父が着ていた服を知ってるお前が芸術家かどうか、怪しいもんだな。お母さんが知らないジジイと暮らそう

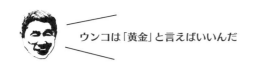

と、関係なく生きていくのが芸術家なのに。お母さんにカレシができて、よかったじゃねぇか。

芸術家が正月、帰っちゃいけねぇよ。

相談49

私の仕事は介護職ですが、ウンコとお尻拭きの毎日です。正月もご利用のみなさんが家には帰らないので、こちらも帰れません。たまには楽しい正月を過ごしたかったのですが・・・。

（女・介護職）

回答！

こんなことを相談すんじゃないよ！　真面目すぎるよ、バカヤローって。こういうのは伊集院さんの所に行きなさい。伊集院さんにも怒られるよ。もっとあれだよ。宮城まり子とか黒柳徹子とか、そういう人に頼みなさい。こんな相談を俺に持ってくるんじゃない。

俺なんかはだな、健康で五体満足で何もないのに、オナラした途端にウンコが出てしまって、パンツを捨てる所がなく困ったことがあるんだから。こっちの身にもなってみろ。**病人なら病人らしくウンコしてもいいけど、健康なつもりの俺がウンコを漏らしたことがあるっていう、この悲惨さはないよ。**俺のほうが悲惨だよ。屁とウンコの区別がつかない、分けられないという。それで、小便しようと思って気張った瞬間にウンコが出ちゃう時もあるんだぞ。

そのことを考えれば、リアルに体の悪い人なんだから。当たり前なんだから。ウンコは「黄金」と言えばいいんだよ。

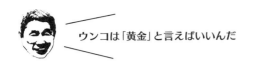

お前はヒツジの皮を被ったヤギだ

相談50

僕には友達がいません。学校には行きますが、誰とも会話をせずに授業を受け、1人寂しく学食で食欲を満たし、1人暮らしのアパートに帰宅して寝るだけの毎日です。本当は飲み会に行ったり、キャンプへ行ったりしてみたいのですが、極度の対人恐怖症で、人を目の前にしてしまうと全身が小刻みに震え、声はうわずってしまいます。こんな僕ですが、どうすれば友達ができるでしょうか？

（20歳・男・大学生）

回答！

これはお前、「ミス大阪」ってのがあるだろ。「南極2号」とかな。あれにヒゲ描いて、男の服着させりゃあいいんだ。それで、そいつイジメてりゃ～いんだよ。誰も文句言わない。「なんだテメ～、その顔は！」「なめてんのか、コノヤロー！」とか。でも、タバコの火は押しつけないほうがいいね。2度とそいつ、治んなくなるから。タバコはやめたほうがいい。

だいたい「対人」なんて言ったって、人に会わなくたっていいんだから。誰にも会わないで、家で転がってりゃ〜いんだ。誰にも迷惑かかんないからな。

あと、テレビ見ながらツッコんでりゃいいんだから。テレビ見て、「テメー殺すぞ！」って言ったって何の問題もない。好きなこと言って、「この野郎、殺してやる！」って言って、自分でウンチしたりなんかして、テレビにぶつけたりなんかして。たまに友達叩いて、「お前も少しは喋れ！」って。で、友達の名前変えたっていいし。「おう吉田、また来たのか」ってな。**友達なんて無理に作る必要ないんだから。**以上！

相談51

私は妻とはご無沙汰で、我慢できず先日、久しぶりに大衆ソープに行ったところ、その嬢を好きになってしまいました。どうしたらいいでしょうか？　その嬢は私と同じくらいの年齢です。

（48歳・男・ヤ○ザ）

回答！

カミさんをそのソープに勤めさせないと。カミさんに勤めさせて、自分でお金払えば家計も助かる。毎日、指名すればいいんだから。

相談52

人生のどん底はどこですか？　どん底はどうやって知ることができますか？
どん底までいったら誰でも這い上がれますか。

（42歳・性別不明）

回答！

バカヤロー、甘い。**どん底を下から見上げることを知らないな。見上げた上にどん底が見えれば、お前は大したもんだっていう。**伊集院さんだって、こんなことは言えねぇだろ。

相談53

急に会社から地方への転勤を告げられ、単身赴任をしています。以来、東京の自宅に電話しても、夜、妻が不在の日が増えました。同居している頃はそんなことありませんでした。携帯電話に電話しても電源が入っていないことが多く、心配しては眠れない夜ばかりです。翌日に事情を聞いても、判で押したように「学生時代の女友達と電波の届かない地下の店に飲みに行ってた」と言われます。妻の浮気を気にして仕事も手につきません。

今の会社を辞めて東京に戻るのがいいのか、何とかして妻を転勤地まで連れてこれないものか、悩んでいます。よきアドバイスをください。

（32歳・男・食品業）

回答！

なんて運がいいのに、なんで幸せを不幸にするかな？

別れりゃいいじゃねえか、なあ。別れて、単身赴任してるとこで女探しゃあ一番いいじゃねえか。ヤリ放題じゃねえか。

32で、お前、カミさんなんかどうだっていいんだよ。カミさんに未練があるの？ばっかじゃねえの。こんなチャンスねえじゃねえか。友達に電話して、カミさん口説いてもらったほうが早いぞ。

こいつは相当モテないヤツか分かんねえな。だから、こんな心配してんのか。だったら、稼いだ金、家に入れないでしばらくほっときゃ、カミさんから必死になって電話かかってくるよ。振込先を自分の家にするからいけないんだ。金が入ってなくて、カミさんが「給料どうした？」って聞いてきたら「どうしたって、おめえ、家にいねえだろ」って。カミさんも金選ぶか男選ぶか、どっちかだ。

で、相手の男に走ったら、相当、お前、情けねえ。単身赴任してたら、いない間にカミさんに男作って逃げられたって、自分の笑い話だ。一生付いて回るぞ。格好悪い。

相談54

これまで1人で子育てをしてきました。子供たちが大学生と中学生に成長し、手が離れてきたこの頃、いつか子供たちが巣立って家を出たあと、女1人で迎える老後をどうしていこうかと考えることがあります。欲を言えば、老後を楽しめたらいいなぁと思いますが、そのためにはこれからどうしていくべきでしょうか?

(46歳・女)

回答!

46歳か。これはもう、若い子が集まるスナックとかイタメシ屋とか行って、ナンパされるのを待つしかないだろう。行ったら、すぐヤラせればいいんだよ。人があんまりいないスナックだって、1人ぐらい訳の分かんない男の客がいるんだよ。そいつにヤラしちゃえばいいよ。2回目から金取ればいいんだから。最初はタダ。

場合によっちゃ、最初はヤラせなくたっていいんだよ。チ○ポ舐めるぐらいでね。それで2回目にヤラせてもいいし、最後までヤラせなくて金を取ったっていいんだよ。老後の資金にもなるし、一石二鳥だろう。

相談55

フィリピンパブにハマってしまいました。頭の片隅では「ダマされてる」と思っているのですが、とにかくフィリピン美女は優しくて、日本人の女の子が接客してくれるキャバクラやスナックよりも居心地が良くて仕方ありません。楽しく飲んで、気づけば終電の日々です。

仕事が終わり、気がつくとお店に行ってしまっています。でもやはり、散財し続けていることは不安です。どうしたらやめられるのでしょうか？

（44歳・男・会社員）

回答！

フィリピンパブにハマッてる・・・。

自分の金で遊んでるから、そういうことになるんだよ。**会社の金に手をつけろってて。取り返しのつかないほど手をつければ、もうそんなことも考えなくなるよ。**

思い切ってやれ！　そうすれば、好きなだけ入り浸れるぞ。

相談56

僕は34年前の2月14日に産まれました。誕生日がバレンタインデーと一緒なのです。幼少の頃より、誕生日に学校へと行くと、クラスのモテる男がチョコレートをたくさんもらっている中、ブ男の僕は、プレゼントの類いなどないのは当

然のこと、義理チョコすらもらった試しがありません。そんな恒例行事が30年近く続いているのです。気が重い誕生日を来年から明るくできないものでしょうか？

（34歳・男・会社員）

回答！

バレンタインも、義理チョコなんかいいって言ってんのに、まだくれるヤツがいるからな。それでお前、エルメスのスカーフをあげちゃって、「たけしに義理チョコやると、エルメスのスカーフが返ってくる」って。仮病使おうにも、そしたら今度は、「たけしはすぐ仮病使う」って怒られるか（笑）。

だいたい俺なんか、誕生日なんか分かりゃしないよ。完全にその日に産まれたかどうか知らないんだから。っていうか、産まれた時のことを覚えてるのは、よっぽどの天才だよな。

だいたい、なんでめでたいんだよ。年取っていくだけで、産まれた瞬間から死ぬのを待っているだけじゃねーか。死のほうへ一直線だよ。そんなもん、楽しい行事とかいいことだと思ったら、大きな間違いだよ。

そもそも、誕生日だ、バレンタインだって口に出すお前がおかしいんだよ、34にもなって。

相談57

かつて婦女暴行で捕まった友人が、数年ぶりに出所してきます。それで、どうやって出迎えるのがいいものなのか迷っています。「自然体で」とは思うものの、どうしても事件が事件だけに意識してしまいます。かといって、このまま関係を解消しようとは思っていません。変に女性の話題になったりしたら気まずいのかどうか・・・。アドバイスをお願いします。

（36歳・男・タクシー運転手）

回答！

かつて婦女暴行で捕まった――。そんなこと知らねえよ、バカヤロー（笑）。俺のが大変なんだ、バカヤロー（笑）。**お前、タクシーの運転手なんだから、そいつ轢き殺せよ。出てきた時に、刑務所の前で轢き殺せ。**何やってんだ？　こっちは忙しいのに。洋七に頼め、出所漫才やってってって。

相談58

18歳の時に初めて付き合った彼女が今でも一番好きです。その彼女はかわいくて面白くて最高でした。いつも知り合う女性とその子を比べてしまうのですが、

圧倒的に昔の彼女が良く、どうすればよろしいですか？　現在37歳になりました。5年前に〈もう一度会いたい〉とその子に手紙は書いたのですが、待ち合わせ場所には来てもらえませんでした。

（37歳・男）

回答！

何だって最初が一番いいに決まってんじゃねえか。会ってたらやんなるぜ。5年前に手紙書いたって？　どうにもなんないよ。思い出なんかジャンジャンジャンジャン良くなるに決まってんじゃねえか。

昔食ったコロッケとか焼き芋とか、今ではどうでもいいもんがうまくてしょうがなかったのは、「思い出」だからなんだよな。どう考えても「赤痢」になりそうなもんなのに、あんなうまいのなかったんだから。初めて食ったチョコレートとかステーキとか、どんなもんでも「初めて」にはかなわないよ。

まして「初めて出た時」の快感なんてものはね。「初めて」は2度とないんだからさ。2回目からは全部思い出で、「くせっ！」なんて言ったりしてな。初めて見た時は、夢にまで見たコーマンが、まさかあんな形してるとは・・・。思わず仏門に入ろうとしたことまであるんだからな。

相談59

家内から「酒かタバコ、どちらかをやめて」と迫られています。余計なお世話だとは思いつつも、「健康」と「家計」の事情により、提案を飲むことにしました。とはいえ、どちらも30年以上親しんだ嗜好品。酒を飲んでいれば、タバコを吸いたくなるのはセットです。どちらを選ぶかは個人差あると思いますが、究極的にどちらも捨てがたい場合、決断する判断基準をどうすればいいでしょう？

（50歳・男・自営業）

回答！

コーマンはやってるのかな？「酒とタバコ、どっちかはやめて」って言うよりも、コーマンはやってるのか？ カミさんとヤるかヤんないのかのほうが問題なんだけどな。酒もタバコもやったっていいけども、カミさんとしかコーマンやってなかったら最低だぞ。一番いいのは、酒とタバコ両方やめて、その金をソープランドに突っ込む。

「どちらも30年以上親しんだ嗜好品」って、何言ってんだ。健康と家計の事情？家計だよ、そんなの。健康なんてどうだって、50まで生きりゃ十分だ。健康に生きようなんて図々しいよ。

ただこれ、貧乏なだけなんじゃねえの？ タバコか酒、どっちか捨てなきゃいけないって。自営業って何だ？ タバコ屋ですって言ったら笑うな（笑）。

相談60

僕は去年までひとりで音楽活動をしていました。都内でライブをしたり曲を作ったりです。自分にも師匠がいたのですが、関係を続けていくことが難しくなってしまったこと、自分への甘さ、実力、片親である母親の将来のことなどを理由にして、音楽をやめ、それまでアルバイトでやっていた建築関係で職人になる道を選びました。一般人として生きることを選んで仕事をしている今、自分は後悔しないのか、たけしさんや軍団の皆さんのように魅力的な人間になれるのか、考える時があります。芸事の世界に未練を感じている自分のこのうやむやな気持ちを吹っ切るにはどうすればよいでしょうか？

（28歳・男・建築関係）

回答！

こういう真面目さがダメなんだよ。だいたい昔は、我々は一般人と同じ扱いされてないんだから。差別されてたんだから。だから、こういう立派な考えのヤツが芸人なんかやっちゃいけないんだよ。はなから向いてないよ。

師匠？　師匠なんかどうだっていいんだよ。母親？　やっぱり母親に保険をかけて何気なく死んでもらって、その保険金で芸人を続けるような根性がなきゃダメだよ。**親の死に目に会えないってのは、あれはウソだからな。親が死んでも平気で芸ができるのを「親の死に目に会えない」って言ってるだけだから。**「今、親が死んだ」って言って泣いたって、金払った客にとっては大きなお世話だから。ソープ嬢だって、「お母さんが今日、死んだ」なんて言ってヤラしてたら、客が嫌んなるよ。そんな罰当たりないだろ？　それを考えればだな、そういう商売をやっているとそういうことまで考えなきゃいけないんだよ。まだ芸が分かってない。

相談61

酒を飲んだ席でお願いされ、友人に電動自転車を貸すことになりました。ところが、貸してから1カ月経っても返してくれません。そればかりか、友人夫婦のもの言いを聞いていると、どうやら私が自転車をあげたことになっているのです。もしかしたら酔った勢いでそう言ったのかもしれませんが、覚えていません。やたらと丁寧に何度も「ありがとう」と言われ、なかなか「返せ」と言えなくなってしまいました。無事に電動自転車を取り戻せないものでしょうか？

（44歳・男・自営業）

回答！

ふふふ、俺と同じだよ、お前はっていう。俺だって、あげちゃったもんなんか

いっぱいあるよ。俺なんか、小遣い○○万円あげちゃったことあんだぞ。名古屋のデリヘル嬢が苦労してるっていうから、「東京に遊びに来い」って言ったら、本当に来ちゃってな。酔った勢いで、○○万もあげちゃって、その分、ヤッて取り替えそうと思ったけど、それほどヤる気もねぇし・・・。新幹線からホテル代まで全部出して、何にもせずに帰したんだけど、あとで考えたら、俺、酔って何やってんだろう？　って。悔やむばかりで、この後遺症、トラウマは5年続いたんだから。

電動自転車なんて、どうってことねぇだろ。俺に比べたら、屁みたいなもんだよ。

相談62

52歳の会社員です。一応、結婚はしています。しかし家庭では、カミさん、子供に相手にされず、仕事も何回か転職をしているため、後輩にも頼りにされない存在です。数少ない友人たちも忙しく、年に数回会う程度です。その友人の中でも、どっちかというと存在感が薄いです。こんな自分なので、老後の生活も心配です。

もし1人になってしまったら、老人ホームに入居しても、じいさんたちは女の奪い合いだと聞きます。今から老後に向け、魅力的な男になるにはどうすればいいでしょうか？

（52歳・男・会社員）

回答！

すぐ離婚だよな。1人で暮らして、好きなことやったほうがいいよ。どうせ、

１００まで生きられないんだから。好きなことして、警察に捕まるようなことをしたら、自分の責任だから。それ以外は、野宿しようが、ホームレスになろうが、勝手だよ。それが魅力的なんだよ。**なぜヤクザがモテるか、分かるのかって。命知らずがモテるんだよ。**あんたみたいに、将来、老後なんか考えてるから魅力がないんだよ。マグロ漁船とか乗る勇気がないとダメだ。ひと航海で１０００万円稼いでるとか、そういうことを考えればいいんじゃねぇか。

相談63

会社の後輩の中国人男子（27歳・童貞）が、ネットで知り合った20歳の中国人女性を好きになりました。その子といまだ一度も会ったことがないようですが、共に結婚まで考えているとのこと。腑に落ちない点が多く、私は結婚詐欺か美人局だと思うので早めに目を覚まさせたいのですが、いい方法はありますで

しょうか？

（男・会社員）

回答！

中国人？　知らねぇーよ。習近平に聞けって。習近平に聞けばいいんだよ。でも、あいつの顔、ナポレオンフィッシュみたいだよな。人面魚みたいな顔してやがんだよ（笑）。

相談64

元カレが、年に何回か連絡をくれます。別れてから5年は経つのですが、いまだに不意に連絡をくれます。もちろん私にカレシがいた時もありましたが、彼から連絡が来て、誘われると会っていました。私は会えるのが嬉しいんです。

「今、付き合ってる人はいるの？」なんて聞きませんし、彼も聞いてこないし。忘れられていないのが嬉しくて。だけどこのまま、いつ会えるかもわからない彼を思い続けてもいいのでしょうか？

（45歳・女・会社員）

回答！

だったら、いっぱい男作っちゃえばいいんじゃねえか。

カレシがいる時にも会ってんだろ？　もっと数を増やせって。

もう45なんだから、遠慮しないでさ。「45歳・処女」って書いてあったら、ぶん殴ってやるけどな。何してんだって（笑）。そうすりゃ、その男が特別じゃなくなんだろ。

それにしても、会えるのが嬉しいのか・・・。何だったら、金を取るとか、いろんな方法を考えたほうがいいな。1回いくらとか。これからはそうだよ。会いたいんだけど、お金が足りないって。金をたかるのもいいかもな。

相談65

パソコンとかITが苦手で、外資系をクビになりました。私としては、パソコンくらいなんだ！　と思うので、みんな1日中、画面をガン見して、よく発狂しないなとも思います。今は開き直って最終出勤日を待ちわびていますが、やはり、パソコンだのITだのに負けた気がしてむかつきます。パソコンをパチパチ叩いて、何となくデキるのを気取ってるヤツも好きではありません。こんなことを考える私は変でしょうか？

（39歳・男・会社員）

回答！

こういう時にだな、パソコンじゃなくて、そろばんを持っていけ。計算はそろばんでやると。だいたい、パソコンとかＩＴとか言ってんのは、一部の金持ちが一般のヤツに手錠をかけるようなもんで、スマホを持ってるヤツってのは、毎月1万円ぐらいずつ取られて、世界中のヤツがアップルや何かに取られてるのに気がつかない。

そのパソコン、スマホの中でケンカしたり、いじめたりなんかすんでしょ？自殺者出してんのは、にわとり小屋のブロイラーの中のにわとりが突っつき合ってるのと同じことなのに、なんで気がつかないんだろう。

取られてるんだよ。・・・「お笑いＫＧＢ」は別だ。それだけは許せ。ＫＧＢは指摘すんな（笑）。本当はもっと、1000円取ってもいいと思うよ（笑）。毎月500円で、こっちは赤字なんだって。スマホなんてだいたい、1円でいいんだ、あんなもん。「お笑いＫＧＢ」の500円はしょうがない。スマホなんて最高で

10円だって。それをみんな、1万円なんか払って、その金が上がっていくのは、一番上のCEOや出資者のところじゃないか。

だから、変なネットビジネスか何かやるから、剛力彩芽がドジョウみたいな、ふてぇ野郎にヤラれちゃうんだぞ。あんな野郎にヤラれちゃうんだよ、「ドジョウTOWN」だか何だかに。見たら、確かにドジョウみたいな顔してるって思ったら「ZOZOTOWN」だった（笑）。2人で宇宙行く？　宇宙で死んじまえ。どこでも行け。途中でロケット爆発しろ（笑）。剛力彩芽も彩芽だって。金持ってんの選ぶなんて、それじゃパ○パンじゃないか、バカヤロー。俺、ファンだったのに。何回オナニーしたと思ってんだ！　俺の青春を返せ！

相談者も気に病むことはないかって？　ない！　それが正常なんだから。

相談66

昨年、バイク事故を起こして死線を越えてしまった者です。私は現在、勤めていた郵便局を辞めて小説を書いて賞に応募したり、パチンコで勝ったお金などで生活しています。物事を俯瞰的に見られるようになったのですが、人生の選択に迷っている状態で、芸人（それに近い職種）という道も模索している最中です。迷える子羊にいいアドバイスをくだされぱありがたいです。

（27歳・脳天気なヒト・元郵便局員）

回答！

真面目なのか、真面目じゃないのか、よく分かんねぇぞ。そのまま生きなさいって。そのまま、まっすぐやりたいことをやりなさい。お前は迷ってない。**お前はヒツジの皮を被ったヤギだって。**同じじゃねぇかっていう。

自分なんか信じたって、
いいことなんか1個もない

相談67

「俺のスカイツリーを見ろ！」とか「俺は勃起二級だ！」とか、しょうもない昭和の下ネタを言ってくるオジサマたち。最初は楽しく笑っていたのですが、毎回なので最近はクスリともできず、オジサマたちは寂しそうにしています。何か面白い返し方を教えてください！　お願いします。

（40代・女・サービス業）

回答！

俺に対するイヤミかって。同じ程度のギャグしか言ってねぇよ、俺だって。それを何だ、コノヤロー！　人生相談にかこつけて俺の悪口言ってんだろうって。タダじゃおかねぇぞ（笑）！

俺は常に見抜いてるんだって。おめぇが嫌がらせでそういうこと言ってるのはな。何が「面白い返しを教えてください」だよ。そんなこと知ってたら、もっと

いいこと言ってるよ、バカヤロー！　何だと思ってんだ！

「勃起二級」なんて使えると思ったのによ。「スカイツリー」なんか、なかなか楽しいじゃねぇか。これで俺の仕事が減るぞ！　ひとネタ減ったよ。どうしてくれるんだ？　吉本のスパイだな。俺を潰そうとしてるんだろ？　そうはいかねぇぞ。この世界に長いこといたから、スパイがいるのは分かるんだ。俺を引きずり落とそうとしてるな。おかげで足が伸びたぞ。背が高くなった（笑）。

相談68

私は42歳なんですが、彼女が５人います。毎日日替わりで彼女の家に通っています。でも、いつか殺されそうで、どのように縁を切ればよろしいでしょうか？　経験豊富なたけしさん！　よろしくお願いいたします。

（男・匿名希望）

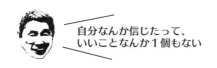

回答！

まだ甘い！　やっぱ8人はいなきゃいけない。5人ぐらいじゃな。あのね、昼からヤんなきゃ。昼の休憩に1人ぐらいはヤんなきゃ。昼に1人、夜1人と。1日2人とかヤッて、遊ぶというような感じがなきゃダメだ。

いつか殺されそうって、死にやしないって。殺されるのが怖くてできるかバカヤロー！　**逆にお前が、もう殺しに行ってんだよ。だから「死ぬ！　死ぬ！」って言うんだから。毎日、殺しに行ってんだって。お前が殺されてどうすんだって。**

相談69

私は零細企業の社長で、家には妻と現在浪人中の息子がいます。ところが、会社の業績は悪化し続け、倒産目前という状況です。従業員への生活補償などを考えると、手元にはいくらも貯えは残りません。

正直、息子が努力の末、志望校に合格しても、４年間も学費を支払えないばかりか、月々の仕送りさえ送れないだろうと考え始めました。息子に実情を話して大学進学をあきらめさせるという考え方は間違っていますでしょうか？

（51歳・男・会社社長）

回答！

カミさんを文科省のヤツにあてがうっていうのは？　ほいで、ヤラせといて恐喝するっていう。そしたら、東京医大に入れる。

それがダメだったら、会社に火をつけて、女房に保険かけて息子と２人生き残ると。やることいっぱいあるよ。

まず、文科省にカミさんを紹介しろ。もしかしたら、文科省にゲイがいるかもわかんねえから、息子を紹介してもいい。あれだったら、お前が行け。家庭のために体を張れって。

相談70

友達に誘われ、マツタケ狩りに出かけました。どこで情報を入手したのか、連れて行ってもらった場所はいくらでも上等なマツタケが獲れました。たくさんマツタケを持ち帰り、家族とマツタケを堪能できて、友達に感謝です。ところが後日、「あそこで獲ったこと、誰にも言うなよ」と友達にクギを刺され、完全に赤の他人の私有地だったようです。以来、強い罪悪感にかられているのですが、返すこともできません。謝り、お詫びをしに行くべきか、バレてはいないようなのでこのまま闇に葬るか悩んでいます。

（46歳・男・自営業）

回答！

黙って鍋にして食っちゃえばいいじゃねえか。どうせ、ウンコになるだけじゃねえか。

お前、来年もう1回行って、もうちょっと見っかんないようにして高級店に卸せ。それで商売しろ。自営業なんだから。自営業の中に「マツタケ販売」っての も入れとけよ。「知らなかった」でいいだろ。

だいたい、上等なマツタケが獲れましたって、これが泥棒だって気がつかないお前は相当バカだ。獲り放題で獲ってきて、金も払わずに帰ってくるって、友達がマツタケで商売してるわけじゃないんだったら、完全に私有地に決まってんだろう（笑）。「あそこで獲ったこと、誰にも言うなよ」って言われりゃ、泥棒したに決まってんだろ。それで悩んでるって、お前はバカかっていうんだよな（笑）。相当なバカだな。

相談71

小学3年の子を持つ母です。息子がいつも小学校で乱暴を働いてくるので困っています。しょっちゅう学校や相手の親に謝罪に行く始末。そのたびに注意をしても、すぐに学校で暴れて帰ってきます。どうしたら言うことを聞いてくれるのでしょうか？

（35歳・女・主婦）

回答！

これは逆転の発想だよ。**子供を連れて、近くにあるヤクザの事務所に殴り込め！** それで「お前らみたいなヤツらがいるから、うちのガキがグレるんだ」って。ちゃんとしろと。タンタカタンのタンで、「舐めたらいかんぜよ！」って。

それでヤクザの事務所でボコボコにされりゃ、ガキだって静かになるだろうって。学校だと暴れてんだろうけど、もっと怖い所に連れて行けばいいんだよ。

それか、子供を連れて、近所の有名な事件を起こした悪いオジさんの所に行って、「ああいうオジさんになっちゃうんだよ」って。「小指がないのは爪を噛んだからじゃないんだよ」って。「みずから落としたんだ。あのシャツだって好きで着てるんじゃないんだよ。あのシャツは脱がないんだから。でもハワイ行くと、公式行事にも出られるんだ」ってな。

相談72

20代にして薄毛で悩んでいます。このままでは30歳ぐらいで激しくハゲてしまいます。育毛や植毛をするお金もありません。カツラも嫌です。どうしたらいいでしょうか？

（26歳・男・美用品メーカー社員）

回答！ **坊さんになれ！　以上（笑）。**

出家しなさい。出家しといて、儲かるから、ある程度、金儲けできたら遊び出しなさい。京都の坊さんなんかカツラだらけだからね。

俺なんか高野山に仕事で行って、帰りの車で「いいなあ、あいつら。あんなに客が入りやがって、酒なんか飲んでどうせあいつらは――」って坊さんの悪口言ってたら、マネージャーが俺のことを肘でつつくんだよ。前見たら、お坊さんが運転してた（笑）。車降りる時、頭ぶつけて、見事に罰が当たったよ。

あるいは、「7：3」の入れ墨したらどうだ。きれいに「7：3」に分けた入れ墨、「浅草のアトム」がそうだから。1回入れれば、一生、床屋に行かなくて済むんだから。手入れいらず。シャンプーも何もいらない。ただし気をつけなければいけないのは、直接太陽の光を浴びると見方によっちゃタマムシに見えるっていうね。バカな小学生がカナブンと間違えたりなんかして。昆虫採集してるとここはあんまり行かないほうがいいぞ。

相談73

親父から老舗の和菓子屋を受け継ぎました。もう3年経つのですが、年々、売り上げが減るばかりです。月によっては収入が家賃分にも届かず、さすがに店じまいをしようと考え始めたのですが、親父の代からの常連のご老人たちが閉店しないよう懇願してきます。

とはいえ、そのご老人たちは月に2～3度、思い出したように餅菓子を1～2個買う程度で、正直、売り上げに貢献してくれているわけではありません。常連たちに閉店を納得してもらう方法、あるいは店のV字回復計画などを授けてはいただけませんでしょうか？

（46歳・男・和菓子屋）

回答！

和菓子屋なあ、店の名前が分かんないからな。よく、うまそうな名前付けてダメなんだよな。あれだ。**「餅菓子屋　喉詰まり」ってのに改名するのはどうだ。**「喉詰まり」ってのだったら、みんな、覚悟して買うぞ、お前。できたら老人ホームの前に店移して「喉詰まり」。みんな、覚悟して食うからよ。喉詰まるんじゃないかと思うと食いたくなるんだよ。

相談74

自分は産まれてからたったの1度も就職をせずに、アルバイトだけで生活してきました。当然ながら収入は多くありませんが、借金をしてまで通い詰める風俗遊びはやめることができません。このままでは破産してしまいます。この環境を抜け出すにはどうしたらよいでしょうか？

ー（28歳・男・フリーター）

回答！

これ、風俗に勤めりゃいいんだ。就職して、そこの従業員になって、給料日の帰りにオネエちゃんとヤりゃあいいんだ。それだけじゃなくて、バンスすりゃいいだろ。ヤッてヤッて、コーマンの前借りだ。そしたら働けばいいんだよ。**ソープランドで飢え死にしたヤツはいないんだから。風呂もベッドもあるだろ。**

それで出世したら、自分で店やればいいんだよ。女ひとり雇ってな。カミさんだよ（笑）。自分のマンションで、入口に「ソープ」って書けばいいんだ。ホテルと変わんないよ（笑）。

相談75

風俗の店員として働いて10年になります。一度、借金をきれいにしましたが、また借金が２００万円程に増えてしまいました。どうしても女遊びがやめられません。将来も不安で仕方がありません。さらには、最近ではお店までがかなり暇になってきました。こんな現状ですが、どうしたらよろしいでしょうか？

（39歳・男・歌舞伎町風俗店員）

回答！

これも、あれだな。お前が真面目に働いてよ、それで風俗の店なんだから泊まれるじゃねーか。風呂もあるし、タオルもあるし、旅館と一緒だよ。うまいことやればタダでメシ食えるんだから、そこで金貯めりゃいいんだ。何だったら、やり方知ってんだから、裏で商売したっていいだろ。

「自分も一緒に３Ｐしましょうか？」って。相手も喜ぶかもわかんないよ。

そもそも、なんで借金してんだ？　女遊びをやめられないって何だろうな？

だって風俗に勤めてんだろ？

よくバカヤローがストリップ劇場に行って、「いいですよね。女の人の裸が見られて」って、嬉しいわけねえだろっ！

「ストリップ劇場でコントやってて、踊り子さんと知り合えていいですね」って、嬉しいわけねえだろ、バカヤロー！

昆布取りのおばあさんにＮＨＫのアナウンサーが「いいですねえ。毎日、こんなにおいしい昆布取って」って言ったら、「バカヤロー！　寒くてしょうがねえよ」って。下北半島のおばあさんが、寒くてしょうがねえって。

「おばあちゃん、幸せだね、毎日、こんなに昆布ばっか食べて」って、そしたら、「嬉しいわけねえだろっ！」って怒られたっていう。

少しは女遊びに飽きろよ。

相談76

仕事の取引先から勧められて、ゴルフを始めました。頻繁にコースに誘ってくれるので、少しは上達してきました。とはいっても初心者です。にもかかわらず、15年以上やり込んでいる先方が、当然のしきたりだといった体裁で「握り」を強要してきます。もちろんハンデはつけてくれるのですが、結構な額をやられてばかりです。大切なお客様ではあり、むげに拒否しづらいのですが、単純にスポーツとしてゴルフを楽しむだけの方向に持っていけないものでしょうか?

(33歳・男・会社員)

回答!

キャディーにチクッてもらうとかすればいいんだけど、一番いいのは、物凄いプロみたいにうまいヤツを当日、自分の代わりに送るんだよ。「僕は行けなくなってしまって申し訳ないんですけど、ゴルフがやりたいでしょうから友達を紹介します」って。それで思いっ切り潰すんだ。コテンパンにやっつけてやればいい。

昔、○○さんって、握りで1億円稼いだってのがいた。身長が低いから、みんな、勝てると思ったら、プロよりうまかった。賭けゴルフは別物だから。このくらいのパーとかが1億円になっちゃうんだよ。いくらプロでもビビるっていう。精神的なもんだから、ドライバーでOBしたことねえようなプロがOBしちゃうんだ。当時のプロの賞金総額は一番高いので、あれだな。フジサンケイで3000万くらいなのに、1億円だからな。もうボロボロだよ。

よく行ってたゴルフ練習場にも賭けゴルフの名人がいて、ジイさんなんだけど、見てると凄い変な球打つんだよ。こんなスライスしたりしてよ。そいで前にうまい人いると、「どうしてこうなるんですかね？」なんて言って、相談すんだよ。「こうなんじゃない」なんて言うと、「ありがとうございます」って、名刺か何か出して「今度、お礼にゴルフ行きませんか？」なんて誘って。「シャレで握りましょ

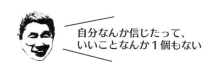

う」なんて言って、最初のハーフ、負けるんだよ。
次のハーフ、「もう頭来た。倍でやりましょう」って言って、今度は必ず勝つ。バンカー入れたりなんかして、どうにか1打、2打差で勝ってくんだよ。めちゃ勝ちしないんだ。何のことはない。元プロみたいなヤツで、ゴルフ代と1日の小遣い稼いで帰るの。だから、支配人が俺に言いに来た。「あの人、あんまり付き合っちゃダメですよ。賭けゴルフばっかかして遊ぶから、本当はうまいから」って。練習場にゴロがいるんだよ。そういうのに頼めって。

相談77

私は51歳になる2人の子供の父です。平穏に生活はしてますが、子供の頃からテレビの中のアイドルや女子アナに〝お世話〟になりっぱなしです。最近、2人の子供も大きくなってきたので、見つからないようにするのが大変です。ど

うしたらいいでしょうか？　（51歳・男）

回答！

まだ、それができるのが大したもんだよ。普通、51歳にもなるともう、本物じゃないとできないのに、相当、想像力が豊かな男じゃねぇのか？　芸術家になりなさい。

だけど一番悲しいのは、脳梗塞で倒れても、手がその形通りに動いたら、かっこ悪いぞ。だいたい右手の動きがこう（筒を作って上下に動かす）なってちゃな。転ばぬ先の杖。やめとけ、それは。病院でかっこ悪いって。

うちの父ちゃんも死ぬ前、倒れた時に、こんな（サオを握る）手つきしてた時は思わず手を開かせたよ。握るんじゃない！　必ず自分のチ○ポの太さに合わしてしまう（笑）。それから、脳梗塞の人は必ず上下に揺れてしまうから、何やってるかバレちゃうからやめなさい！　うちの父ちゃんの場合は、しょうがないから、ネコジャラシとかウチワを持たしたんだけど、ネコジャラシ持たしたら、手が血だらけになってた。近所の猫が飛びかかってきてたんだよ。「こいつをどかしてくれ・・・」って、うちの父ちゃんが頼んでたな。

相談78

信じられるのは自分と金だと思ってます。ところが、自分はありますが、金がありません。この先、金に恵まれる気配もないです。では、他に何を信じたらいいですか？　ちなみに男は最も信用できません。

（女・大林不幸子）

回答！

お前は両方ともないんだって。一番不幸だよ。まず信用するのは金。でも、自分を信用するのは相当下位で、5位か6位ぐらいだぞ。**必ず「自分さえ信じれば」っていうバカがいるけど、自分なんか信じたって、いいことなんか1個もありゃしないよ。**

自分を信じて、大抵、失敗するんだ。「自分を信じてやってきました」ってのはね、最高でせいぜい、オリンピックの銅メダリストぐらいだな。金には届かないんだよ。まず、自分を信じようなんて根性が間違いなんだよ。

相談79

45歳主婦です。パートを2つ掛け持ちしています。子供はできませんでした。夫は40歳でまだＡＤをしており、住んでいるのはボロアパート、しかも荒川区

です。何だかうだつが上がらない人生です。ここから何とか修正して夢のような後半の人生を送るにはまず、何をすればいいのでしょうか？それと、何かいいパートの口があったら紹介してください。時給1000円頂ければ十分です。よろしくお願いいたします。

（45歳・女・主婦）

回答！

そんなパートの口があったら、俺が行きたいぐらいだよ！全員がそれじゃねえかって。日本人のほとんどがお前と同じだぞ。1人だけ抜け駆けしようっていう根性が許せないよ（笑）。

相談80

中学生の息子が「浅草ロック座」に行きたいと言って困っています。大人風に変装してでも東京に行って女の裸を見たいと言って聞きません。私は父親としてどうしたらよいでしょうか？　息子は童貞らしく、いやらしいＡＶを何本か所持しているようです。

（山形県・男・露店商）

回答！

中学生の息子に、あれだよ。お前とカミさんで「お前ができたのは、こうやったんだ！」っていうのを見せつければ、もう、セックスやる気なんてなくなる。生きてく気もなくなるかもわかんねーけどな。

裸で息子の前でヤッて見せて、「ここで俺が出したんだ！」って細かく説明しながらヤると、セガレも「俺はこんなことでできたんだ・・・」ってなるよ。

相談81

今の会社に就職して5年になります。5年目で初めて部下ができたのですが、彼が「ゆとり世代」だからか、どう接していいか分かりません。休憩時間になれば携帯電話をいじるばかりで、積極的に周囲とは会話をせず、仕事が終わればさっさと帰る。そしてどんなに忙しかろうが、休日出勤を露骨に嫌がります。どうすれば打ち解けられるでしょうか？

（30歳・男・会社員）

回答！

一番いいのは、泣きついて金借りるんだよ。で、金借りて返さないんだ、絶対な。そうしたら、こいつがまとわりつくようになるから。「ちょっと、あの金は？」ってな。そしたら、「話があるんだ」って言って、仕事をやってもらうんだよ。

それで、相手が借金取りになったら一番いいのは、「すまん・・・もう

２００万円貸してくれ」って言うと、金取りに来たのに、「もうあいつのとこ行かない」って前の借金忘れるってのがあるよな。それでも、もう1回借りちゃうんだよ。

ボーナスの時に「頼むから30万円」って。「女房が死にそう」とかいろんなこと言ってな。結構、こういうゆとり世代みたいなヤツはね、マヌケなメロドラマなんかに弱いんだ。「幼なじみがガンで死にそうで、どうしても30万いるんだ」とかね。

それで借りちゃって、後は知らんぷりしちゃえばいいんだよ。それで何か言ってきたら、「あの子は本当にあんたのこと話したら泣いて死んでいったよ」ってよ。そしたら今度は「墓場に行こう」って、完全に志ん朝の「お見立て」になっちゃってな。まあ、何やかんやで、ゆとり世代とも交流持てるだろ。

相談82

私は元引きこもりですが、行きつけのラーメン屋ができ、その店長と親しくなりました。彼は裏の世界に顔がきき、半分は本職ともかかわりのある人らしく、界隈ではケンカでも負け知らずのマッチョでムッキムキです。その一方で同性愛者でもある彼に1度、告白されてしまいました。受け流して断った形ですが、いろいろマークされているようで、何かと崖っぷちです。どうしたらいいでしょうか？

（男・匿名希望）

回答！

また引きこもれって。元引きこもりなら、**また引きこもれ！** それしかない。引きこもって暮らすのが一番いいじゃん。穴の中、サンゴ礁に隠れて暮らす魚を見習えって。

自分なんか信じたって、いいことなんか１個もない

相談83

私にはお尻の穴に小指大のイボ痔ができています。すぐにでも手術をしなければいけない状態なのですが、そもそもイボ痔ができた原因がオナニーの際に指で穴を激しくいじっていたせいなので、取り払ったところでまた同じ愚行を犯し、新たなイボ痔が形成されるだけだと思って躊躇しています。それでも手術をしなければいけないでしょうか？

（28歳・男・会社員）

回答！

何だ、イボ痔？　知らね〜よ。糸で根元を縛ってよ、先っちょが腐るまで待てば、ポトッて取れるから。それで死んだヤツもいるけどな。俺は全然知らないぞ。あくまでもこれは昔の情報だから、マネするんじゃないって。俺は責任持たないよ。あと、お前のオナニーなんか知らね〜って。

相談84

人間関係で何か嫌なことがあると、いつまでもそれを引きずってしまい、なかなか前向きになれません。こんな時、どのように気持ちを切り替えればいいですか？　たけしさんは嫌なことがあった時、どのようにされていますか？

（37歳・女・主婦）

回答！

37歳、主婦・・・。たけしさんは嫌なことがあった時はどうですか？　酒飲んで寝るだけだよ。**酒飲んで、そいつの悪口をひたすら考えて、寝言でまで悪口言って寝る。それしかない。**

ビートたけしの
お笑い
KGB
THE GAME
2020年早春
リリース予定
無料
ゲーム
アプリ

牛は草ばっかり食って ちゃんと牛肉になってるよ

相談85

子供が野菜を食べません。どれだけ細かく刻んで、肉類に混ぜ込んでも全てのけてから肉だけ食べます。偏食家にさせないためにも、好き嫌いをなくさせることは可能でしょうか？

（40歳・女・主婦）

回答！

こんなの、どう考えたって、偏食家にさせればいいじゃねぇか。肉ばっかし食わしてればいいじゃねぇか。俺の友達だって、肉しか食わないヤツいるもん。ライオン見てみろよ。ライオンが草食ってんの見たことないよ。牛は草しか食わないし、人それぞれなんだから。

偏食家にさせればいいんだよ。肉にビタミンがないわけじゃないからな。レバーとか食ってりゃいいじゃねぇか。何の問題もない。**牛見てみろよ。草ばっかり食っ**

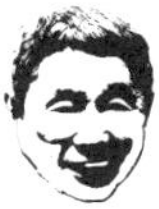

牛は草ばっかり食って
ちゃんと牛肉になってるよ

て、ちゃんと牛肉になってんじゃねぇかよ。大丈夫なんだよ。

相談86

とくにロリコンだと思ったことはないですが、20代前半までの女性にしか興味が持てません。かといってモテるような容姿ではないため、思うような出会いに恵まれず、かれこれ20年近く彼女はいません。先日、奇跡的に好意を寄せてくれた女性も、32歳だったためお断りしました。一人息子のためか、親から「結婚はしないのか？」とよく問われるのですが、自分の気持ちにウソをついてでも結婚に向けて努力すべきでしょうか？

（48歳・男・物流業）

回答！

バカだな、こいつは。20代前半までの女で、あっちがうまいヤツなんて見たことない。40近いのが一番いいんだ。そういうのはベテランを選ばないとダメだ。セックス初心者なんかと一緒になってみろ。面白くも何ともないぞ。48歳なんだから、40歳のおばさんとギトギトしたセックスだよ。

1回、若い女と付き合ってみろ。つまんねぇから。会話だって20代前半と48で成り立つわけねぇじゃねえか。話が合うんだったら、お前もバカだよ。20代前半の女と話が合って、デートが楽しいっつったら、お前は相当バカだ。目的はセックスしかないんだから、ヤッて、つまんないっつって、初めて女を知るんだよ。

牛は草ばっかり食って
ちゃんと牛肉になってるよ

相談87

高校生の息子の将来が不安です。なんでも、ユーチューバーになってネットに動画配信して金儲けすると言っています。チェーンソーを持ってお店を襲撃したり、売り物のおでんを指でツンツンと突いて炎上している輩がテレビのニュースで取り上げられていますので、息子も同じようにならないか心配です。息子は包茎なのですが、包茎手術して前後でどれだけ人生が変わるかを配信したいと考えているようです。何かアドバイス頂けると幸いです。

（男・匿名希望）

回答！

チェーンソー持ち出して、あれ、おかしかったな。ユーチューバーを舐めんじゃねえよって。

「息子が包茎なのですが」って、包茎手術の前に、いかに包茎で笑われたとか、

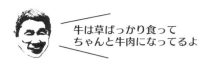

まずそれに2〜3年かけなきゃダメだよ。それで包茎を手術で治して、どれだけ変わったかって、大して変わりゃしねぇよって。俺はお前、70年間、包茎だよ、**バカヤロー！　年季が違うよ。包茎で選挙権は取られないし、税金が高いとかそんなことは一切ない。**俺なんか、包茎だけど笑われたことはないし、ちゃんと自分で剝けるんだから。

ただ一番情けないのは、サウナの中で若い衆に説教する時、バレたらかっこ悪い。「それでも男か！」って偉そうなこと言えないけど、タオル巻いてりゃ、分かりゃしないよ。隠しごとがないって言ったって、あるんだから。

包茎とカツラって似てるけど、カツラのほうが外部露出が多すぎるんだよ。包茎はもうちょっとマイナーなんだ。六大学の包茎戦とかさ（笑）。

相談88

昔から勉強が嫌いでした。それでも何とか高校までは出ましたが、最近、小学5年生の息子がやっている算数の宿題をチラッとのぞき見たら、さっぱり分かりませんでした。幸いにして、これまで息子から「これ、分からないから教えて」などと勉強に関して質問をされたことはありませんでしたが、あの日以来、いつしか息子に〝バカ〟がバレるのが怖いです。今さら小学生の勉強を隠れてするのもどうかと思いますし、この不安だけを取り除く方法はないものでしょうか？

（32歳・男・自営業）

回答！

バカはどうせバレんだから。中途半端なバカだからバカにされんだよ。元少年院上がりとか、過去に友達の頭をナイフで刺したとか、そういうストーリーをちゃ

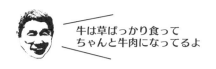

んと作って、それでも今は自立してこうなったたって。自営業なんだから。そうしたら、子供が親を怖がってバカにしないよ。

「ガタガタぬかすと、また刑務所行くぞ！」って。中途半端なバカが一番ダメなんだ。徹底的なバカになれ。「もしかすっと、もうじき逮捕されるかも分かんない」とか「俺は元死刑囚だった」とか「俺のことは言うな。まだ時効が成立してない」とか、いろんなこと言って、プレッシャーかけんだよ。そしたら子供は、宿題の問題をお父さんに聞くより、自分でやんなきゃダメだってなるよ。初めから突き放さなきゃダメだ。

相談89

僕は包茎で、チ〇カスが溜まりやすく、いくら洗っても洗ってもすぐにチ〇カスが溜まります。そのため、風俗に行くと必ずゴム着用でフェラをされます。

何かチ〇カスを溜まらないようにする方法があれば教えてください。
（36歳・男・大阪府・バナザード）

回答！

チ〇カスが溜まる（笑）。

これはやっぱり、海へ行ってだな、チ〇ポの皮を思いっ切り剥いて、誰もいない所で太陽に当てて、シッカロールを付けて。それを週に3回繰り返す。

それか1回、日焼けして皮を剥いたほうがいいかも。サンオイルを塗ってもいいぞ。

相談90

2年前に、末期ガンで「余命1年」と医者から宣告された70歳の父がまだ生きています。それればかりか、別の医者に診てもらったところ、あきらめて何の治療もしていなかったのに、すでにガン細胞は消滅しているとのことでした。本来は喜ぶべきことなのですが、宣告されてから1年の間に父は「どうせ死んじゃうんだから――」と旅行やら食べ歩きなど何も残らない形で貯金を使い果たしてしまいました。今後の生活費に不安を覚えた父が小遣いをせびりに来るようになったのですが、その頻度が増して、今度はこちらの生活も不安になってきました。どうしたものでしょうか？

（46歳・男・会社員）

回答！

余命宣告されて死ななかったって？　浅草に20年間「閉店セール」やってる店

があるんだけど、その店はまだ続いてるから。それなりに生きていけばいいんだよ。浅草のその店は「本日閉店」「全て半額」って書いてあるんだけど、ず〜っと売れた形跡がないっていう。

逆に、これは親父を励ましたほうがいいな。「お父さん、運が良かったじゃないか」って。「これから人のために一生懸命働こう。ちゃんとやろう」って言うと、またガンになるかもしんない（笑）。また新しいガンが見つかって、それで本当の末期になるから。**生かそうとすれば、死んじゃう。生きるのをあきらめると、生きちゃうんだよ。**だから、逆手にとったほうがいい。「頑張れ！」って。「せっかくガンがなくなったんだから、これからはお父さんの時代だ」って励ますと、大抵、死んでくれる。

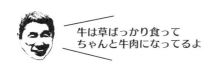

相談91

今年中にスナック的なお店を出す予定なんですが、大ファンのたけしさんにお店の名前をつけていただけませんでしょうか？
お店は千葉県の柏駅付近でやろうと思っています。10年程前、何年かスナックで働いていたのですが、辞めてから夜のお仕事は一切していなくて昼間の仕事をしていました。私は結婚して中学生の子供がいるのですが、スナックを始めて経済的に自立したら、夫とは離婚をしたいと考えております。

（33歳・女）

回答！

柏か・・・。よく、こういうとこで、あれだな。必ず事件起こさねぇか。通い詰めたオヤジに殺されたりさ(笑)。店の名前が「ママが殺された店」ってどうだ。変な入れ込んだ土建屋か何かが、ママを目当てに行ってよ、ママが若い従業員か何かとできちゃっててな。通ってたオヤジが殺しに行くって、よくあるだろ？「よくある殺人現場」ってのでもいいぞ（笑）。

牛は草ばっかり食って
ちゃんと牛肉になってるよ

相談92

ふらっと入ったスナックで、ホステスに乗せられカラオケで歌いました。正直、歌はヘタです。曲が２番にさしかかった頃、別テーブルに座っていた仏頂面のコワモテが立ち上がり、いきなり「このヘタクソ！」と突き飛ばされてしまいました。そして、その男は金も払わず店を出て行ってしまったのです。ところが、男は一見客だったらしいのですが、どうした論理か、その男の代金も私が支払えとママから言われたのです。押し問答の末、安スナックとは思えない金額を支払い店を出ました。グルだったのか、どうなのか？　金を取り戻すことはできませんでしょうか？

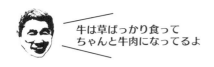

（39歳・男・公務員）

回答！

俺はこんなの知らないよ。ふらっと入ったスナックでカラオケ歌って金取られたって、俺はどんな相談に乗りゃあいいんだよ。俺に金払えって言ってんのか、お前は（笑）。

俺に愚痴こぼしてどうすんだって。これは単なる愚痴だよ。解決法なんてねぇよ。警察行きゃいいじゃねぇ～か。

だいたい、スナックに1人でふらっと入るって、友達いねぇ～のか、おめぇは（笑）。どうせボッタクリバーに引っかかっただけだろ？　俺に相談すんなって。

牛は草ばっかり食って
ちゃんと牛肉になってるよ

相談93

チ◯コが小さいのか、女性と付き合っても、やたらとすぐ別れてしまいます。深刻な問題です。殿も小さいとお聞きしてますが、どういったカバーで女性を納得させているのでしょう？　教えていただけますでしょうか。

（男・匿名希望）

回答！


いや、付き合った女がデカイんじゃねーか（笑）。お前が小さいんじゃない、と。

俺なんか昔、「指輪が痛い、指輪が痛い」って女に言われたんだけど、俺は腕時計しかしてないってことがあった。あそこを触ってる時な。

「指輪を外してくれ」って言われても、腕時計しかなかったんだから。

逆に、**「外に出して」って言われてベランダに出ていったこともあるぞ。**

「外出して！　お願いだから外へ！」って言われて、ヤリながらベランダに出てっ

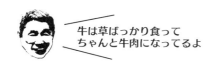

たっていうな。そんなこともあるんだよ！

相談94

会社をクビになりました。驚異的な完璧主義と集中力が戦力になると思ったのですが、むしろどれだけ適当に手を抜くかが重要だったようで、私のようなちゃんとしないと気がすまない性分とは合わなかったようです。

年齢も年齢ですから、路頭に迷っています。軽作業系の仕事をしようにも給与が安く、副業で足りない分を補おうにも、副業を禁止している企業ばかりで、どうにもなりません。どうしたらよいでしょうか？

（39歳・無職・男）

牛は草ばっかり食って ちゃんと牛肉になってるよ

回答！

驚異的な完璧主義と集中力が・・・。お前が言うな。俺のとこにも、「イチローの運動神経とアインシュタインの脳を持つ私ですが、お笑いをやらせてください」って言って、弟子入りしたヤツがいたけど、お前もそのタイプじゃないのかって。

だいたい、自分で言うヤツにろくなのはいない（笑）。

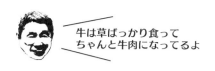

ちゃんとしないと気が済まない性分とかなんか、それがダメだよ。だから、驚異的な完璧主義と集中力があるんだったら、どうやって手を抜くかに集中しなさい。手を抜いて何もしなくて、いかに金を貰うかが重要なんだから。はき違えちゃいけないよ。

だから、ちゃんと「積水ハウス」の地面師を見習え。あの捕まって笑ってられるオバさん。あれ見た時は感動したな。普通の顔のヤツが悪いことして笑ってるって凄いよね（笑）。頭おかしいのかな？　何だか分かんないけど。富田林から逃げた男をよく分析しろ。強く生きろ！

だいたい、なんでクビになったんだよな？　クビになったってことは、驚異的な完璧主義と集中力でやってクビって、ウソだよ、こいつ。他のヤツから見たら逆なんじゃないのか？

相談95

姉弟が金の亡者です。姉は以前からあまり家に寄りつかなかったのに、最近、祖父母の家に出入りし始めて、保険の契約をさせたり生前贈与の話をしたり、自身の保険屋の仕事を活かして詐欺よりたちの悪いトークと巧妙な手口で国に取られる前に自分にと活動しています。さらに弟は、祖父母の家で窃盗をしました。

お恥ずかしい話ですが同じ兄弟ながら人情や感謝がないものかと心苦しくなっ

てしまいました。解決策はありますでしょうか？

（匿名希望）

回答！

うーん、こんなの頑張って守るしかねぇじゃん。

だから、姉貴と弟の共犯のフリをして、一緒に盗んでどうやってそれを取り返すか。自分で取り戻せばいいんだよ。相手の手の内を知るために、まず仲間になればいいんだよ。

だいたい、仲間になってそのままが多いけど（笑）。

相談96

結婚してまだ間もなく、新婚です。夫婦仲は良好なのですが、カミさんが作る料理がまずくて、仕方ありません。毎晩、「おいしい」と言って食べてはいますが、ものには限度があります。しかも、あまりに「おいしい」と言い過ぎたあまり、昼食の「弁当も持たせてあげる」と言い出しました。何とかそれは阻止したく、傷つけずにまずいと知らせる方法、料理の腕を向上させる方法はございませんでしょうか？

（34歳・男・会社員）

回答！

料理がまずくて仕方ありませんか。

病気にすればいいんだよな。胃潰瘍になっちゃえばいいんだよ。医者に行ったら胃潰瘍になったって言って、ニセの処方箋を付けて、うまいもんはこれが何パーセントって、処方箋に料理のレシピを入れさせれば、カミさんは仕方なくそれで作るから。「醤油小さじ3杯」とかな。で、最後に「キユーピー3分クッキング」って書いちゃダメだよ（笑）。「上沼恵美子より」とか、バレちゃうようなことはダメだよ。医者のせいにして、料理を作らせたほうがいい。

牛は草ばっかり食って
ちゃんと牛肉になってるよ

相談97

カミさんが、何でも占いで物事を決めたがります。運気がどうたらで、私にド派手な色のYシャツを買ってくるぐらいはかわいいものですが、私に転職や一軒家購入を強要してくるから困っています。何とかかわしていますが、従わなければネチネチと口撃してきます。悪癖をやめさせることはできないものでしょうか？

（51歳・男・販売業）

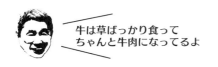

回答！

占いったって、俺とおすぎとピーコは誕生日同じだけど、同じ運命だとは思わないもんな。星座はビートきよしさんと一緒だよ（笑）。別に同じ人生だと思ってないし。

要するに、世界中の人を12分割したら、何座の人は何々が得意って、それが全部だったらとんでもねえことになる。それと血液型も3〜4種類しかねえのに、お前、血液型で決めるとかバカなこと言ってんじゃねえ。

血液型でO型ってのは0（ゼロ）って意味で、お前、O型って0という形があると思ってるバカがいる。抗体が0（ゼロ）なんだよ。抗体がないから全部の血液型に輸血できるんだよ。輸血できるけどもらえないっていう貧乏性なんだ。O型とB型の相性でB型が上でとか、そんなバカなことがあるか。

だったら1回、占いで競馬でも宝くじでも当たったヤツ見せてみろ。占いとかイタコとかよ。イタコ呼んで、イタコに「マリリン・モンロー呼びたい」って言ったら「ワタスがマリリン・モンローです」って言った。なんで、マリリン・モンローが東北弁なんだ（笑）。「ノストラダムス呼んでくれ」って言ったら、ピーッて石の笛を吹いて、「降りました」「どなたですか？」って言ったら「ワタスはノストラ・・・何つうんですか？」って。自分の名前を知らない。「ダムス」っつったら「ああ、ノストラダムス、ですか？」って。あんたが降りてきてんじゃねえのかいって。「みんなに一言」って言ったら「仲良く暮らしてください」だって。「今、どこにいる？」「暗く寂しいとこ」って。黒澤監督を呼んでも「仲良く暮らしてくれ」「暗く寂しいとこ」しか言わない。

1回、イタコと占い師集めて、日曜日の競馬の馬券を買わしたんだ。1個も当たんない。全然、当たんない（笑）。「外れてんじゃねえか」っつったら「馬の名前が悪い」だって。

カミさんにこうやって説明しろ。

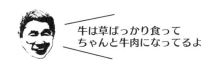

相談98

ストレスの解消法がわかりません。私は頼まれると断れない性格で、しかも困ってる人がいると、面倒でも見過ごせないところがあります。周りの人を見ると、うまくやっているなと思いますが、断ると何となく罪悪感が生まれ、引き受ければ大変だし、どっちを選択してもどこか疲れてしまいます。上手な方法があれば教えてください。

（39歳・女）

回答！

これはやっぱりね、（浅草の）ひさご通りとかあそこらへんの、俗に言うパ○○ン通りに立つんだよ。客から頼まれてヤッて金もらうの。もう商売にしなきゃな。**タダでヤるからこんなことになるんだよ。商売にすれば、相手も喜ぶし、自分の利益にもなる。**

浅草なんて70でもいるんだから。70で現役で、文化勲章貰うかって。浅草の○ンパ○通り、世界遺産に登録しようとしたんだから。

相談99

39歳で童貞です。生まれてから彼女がいたことすらありません。僕はこのまま死んでいくのでしょうか？　自分のどこがいけないのでしょうか？　ちなみに、ルックスは人並み以上で、とりわけ身だしなみには気を配っています。

（39歳・男・団体職員）

回答！

そもそも、あんまりヤリたくないんじゃないか。性欲がないんだろう。普通だったら、10代の頃なんか、あらゆるチャンス狙うのに、ヤろうと思えば、39歳まで

にいろいろチャンスだってあったはずだろうよ。大して好きじゃないんだよ。何も、**死ぬまで童貞だってかまわないわけで、何だったらタマ○ン取っちゃえ！**

そうなったらまさしく純粋、純真なんだから、歌を歌うとか、もう芸術家として道を極めればいい。

何か、そういうことをしないといけないなんて社会に毒されてるよ。

逆に今、一番ナウいんだよ。少子化時代に子供を作る行為すらしないんだから、ナウいよ。文化の最先端だぞ。それで逆に結構モテちゃったりなんかしてな。

相談100

毎月、給料が入っても借金返済ですぐに金は出ていきます。10年以上続いているそんな状況に嫌気が差し、「もう死んだつもりで」と自分に言い聞かせ、300万円借金して、全額競馬につぎ込みました。負けました。また借金だけ

が増えました。でも、死ねません。もう、どうしたらいいでしょう？

（男・43歳・販売業）

回答！

何やってんだ、こいつ！　博打で全部すったのか？

知らねえよ（笑）。それこそ「知らねえよ！」だよ。３００万円借金して俺に相談するって、返すのはお前だろう。10年以上続いてるって、その原因はお前だろう。**全部自分のせいなのに、人に相談すんなっていうんだ。**

損したり、ダマされて盗られて、そんでダマされた相手にどう言ったらいいでしょうか？　なら分かるけど、てめえが全部博打で借金して、競馬につぎ込んでまた負けて、どうしたらいいでしょう？　って、競馬協会に言えよ、お前。逆転を狙うな。図々しいよ。

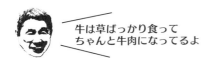

著名人も勝手に悩む

著名人相談①

愛犬が歳をとってから急にサカリがついて、四六時中、腰を振っています。若い時に去勢手術をしたのですが、どうしたらいいのでしょうか？

（伊集院静）

回答！

犬も人間と同じで、歳とってそういうことだったら、ただの色ボケです。**飼い犬は飼い主に似るそうですから、伊集院さん、気をつけてください。**老後の形を犬が示してんのかもしんないから、気をつけてください。そういう醜態をさらさないようにお願いします。

私も昔、犬を散歩させているネエちゃんと仲良くなろうと思って、貰ってきた犬を連れて散歩に行ったら、俺の犬が相手の犬の上に乗っかっちゃって、俺の魂胆がすぐバレたっていう。はなからバレバレだったんです。「やだ、この犬って」

（笑）。

著名人相談②

銀座のかなり高齢のママに「ゴルフに連れて行ってくれ」と頼まれています。噂によると、休日の彼女のゴルフは、ゴルフだけでは終わらず、何人も犠牲者が出ているそうです。それでも勇気を持って行くべきでしょうか？

（伊集院静）

回答！

19番ホールか。高齢の・・・、行かないほうがいいよな。

行かない。それだけです。銀座でこっちが金払って、ゴルフ連れてって、夜、ヤラなきゃいけないなんて、そんなバカな。そんなバカな話がどこにあるんだ。

中国だと、こんな話ありえない。シリアとか、ＵＡＥのドバイとかじゃ、そんなことはありえない。だいたい、クラブで金取りやがって、ゴルフも連れてってもらって、ヤラせて、「これはタダでヤラせたわけではない」って金取りやがって。てめえ、ヘタクソなゴルフに付き合って、なんで夜、ヤラなきゃいけないいんだ！

伊集院さん、そんなに何か弱み握られてんですか？

ママとヒロポンでも打ったことあるんですか？

世の中、まだ、こんなに図々しい女がいると思うと腹が立ちます。店でそんなこと言われたら、ぶん殴ったほうがいいですよ。ふざけんな、コノヤローって。で、あくる日の新聞に〈作家の伊集院静　銀座で暴れる〉。謹慎処分（笑）。そういうのも、無頼派としてはいいかなと。

著名人相談③

ヘイッ久しぶり〝アンドリアノフ北野〟。人生相談はあまりしたくないんだけど、私の所に1枚のハガキが来たので、どんなもんかと・・・。その文面は、

「オレだよオレ　昔はいい相棒めっけてオレがジャンジャンつっこむと日銭がガボガボ入って　金ありすぎて山形県買っちゃおうかと思ったもの。なんだか相棒が活動写真やるっつって居なくなっちゃって。オレは得意のベシャリ生かしてサギサギの毎日だよ。でも反社神経もあっから・・・これ反社と反射がどっぷり掛かってっから、メモれ～ッ。

和牛商法やったり狂牛病にかかったり大忙しだよ。TVつければ水谷ナントカっつーのがパクリやがって『相棒』っつーのやってんだよ。いくらかバックしろっつーの。浅草の頃、オカマと同棲してた頃がピークだな。元祖『おっさんずラブ』なんて呼ばれてた。

今、横浜で商売やってるから来てちょうだい。『チャンチキおけさ』の流れを

くむ『インチキおけさ』っつー店もやろうと思ってんのよ。でさ、15万円程貸してくんない？」

こんな文面でした。どうでしょう？　ご返答ください。

（高田文夫）

回答！

相談じゃなくて、ただの漫談じゃねえか（笑）。何を相談してるんだって。これ、何の相談ごともないじゃないか。ビートきよしの悪口言ってるだけで。これ読んで、俺が喜んでるだけ。どこに相談が書いてあるんだか分かんない。

相談してくださいよ。

著名人相談④

漫才ブームの頃は、B&B、ツービートともに仕事もお金も人気も絶頂、まさに芸能界の頂点を極めたのにもかかわらず、今こんなに全てにわたって差がついてしまったのはなぜなのかを悩んでいます。どうしてでしょうか？

追伸、ただこんな私にも、たけしに唯一勝っているところがあります。それは、チ〇ポが少しだけ硬いことです。

（島田洋七）

回答！

なんで差がついてしまったのでしょうか？　お前は「がばいばあちゃん」（徳間書店）で儲かってんだろ。**今度は「がばいじいちゃん」やったらどうだ、ハナからばあさんもいねぇんだから。**がばいばあちゃん、じいちゃん、いなくなったら、「がばい母ちゃん」にして、「父ちゃん」にして、「がばい姉ちゃん」まで。

最後、「がばいポチ」。全部、「がばい」付けりゃ本書けるよ。
なんだ、チ〇ポは硬いのか。

著名人相談⑤

「ナハナハ」がイマイチ、国民的ギャグにならないのですが、「コマネチ！」みたいになるにはどうすればよろしいでしょうか？

（せんだみつお）

回答！

せんださんは、いまいち。「ナハナハ」って、それは沖縄しかウケねえんだ。沖縄でしかウケねえって言ってんだよ、昔から。ナハナハって。沖縄が日本に返還されるまで、随分かかったんだから。戦後、やっと沖縄が返ってきたんだからさ。だから、**しばらくはウケないって。**

著名人相談⑥

電車に乗っていると、すぐに「あっ、せんだ！」とバレてしまいます。バレない、うまい方法を教えてください。

（せんだみつお）

回答！

「あっ、せんだ！」とバレてしまいました。**ウソをつけ！　お前が「せんだ、せんだ」って言いながら、入って来てんじゃねえか。**「ナハナハ、ナハナハ、せんだだ、せんだだ」ってお前が入って来ただけだ。誰も気がつかないのに何を勘違いしてんだ。デストロイヤーの覆面脱いだ顔か。

解説

「めんどくせ〜な。いちいち俺に相談すんな！　悩んでるヤツは死んじまえ！」

かつて、伝説のラジオ番組「ビートたけしのオールナイトニッポン」の中で、すでに〝若者のカリスマ〟となっていた殿（ご承知だとは思いますが、わたくしたち弟子は、師匠をこう呼びます）は、リスナーからたびたび寄せられる相談事のハガキに対し、冒頭の言葉を炸裂させることがありました。わたくし、殿の弟子になって20年程になりますが、殿が人に相談している姿を一度も見たことがありません。殿の中に「人に相談する」といった概念は、たぶんありません。そんな、相談を必要としない殿が「今、伊集院さんの人生相談本が売れてんだろ？　ちきしょ！　よし、俺も相談に答えて、本にして売って儲けてやる！」と、はっきりと邪な考えからスタートした殿の単行本企画。読み進めていくとすぐに分かりますが、ここには優しい耳ざわりのよい言葉で真っ当なアドバイスなど一つもなく、〝圧倒的に突き放した〟どこまでもまともに相談を受け付けない、まれに見る人生相談本となっています。しかしながら人間不思議なもので、激臭のクサヤに一度ハマッたらやめらないのと同じで、突き放されれば突き放されるほど、〝過激で極端なもの〟にはすがりつきたくなるものです。で、結局のところ、何が言いたいかと申しますと、誰かに何かを相談するのなら、それはもう〝自分より圧倒的に人生経験豊かな方〟にでないと、相談などしたくないということ。その点、殿は最高です。大学を辞め、浅草のストリップ小屋「フランス座」のエレベーターボーイからスタートして、漫才ブームで世に飛び出し、売れに売れ、あっという間にテレビの王様になったと思ったら、まさかの出版社殴り込み。復帰後、今度はバイク事故により長期入院。復帰後、監督として7作目となる「ＨＡＮＡ－ＢＩ」にて、日本人として39年ぶりとなるヴェネチア国際映画祭での金獅子賞獲得。さらに１９９９年と２０１０年、浅草の「フランス座」ではなく、本当にフランスから芸術文化勲章を授与されました。そして昨年の事務所独立。ジェットコースター的人生などという言葉では足りない、音速を超えてゆく、ジェット戦闘機での急上昇&きりもみ飛行を繰り返してきたような人生です。〝相談すると言っておきながら相談を受け付けない〟という、矛盾でアナーキーなスタイルのこちらの本。ただし、笑いというパウダーをまぶしながらも、ツービート時代の漫才のように、そこには〝マヌケだけど本当のこと〟といった、ある意味、人生の真理も実はちゃっかり浮き彫りにしています。かつて殿は自伝「たけし！―オレの毒ガス半世紀」の中で「人生に期待するな！」と、最後に書きなぐりました。ですから、今回も「オイラの相談なんかに期待するな！」なのでしょう。きっと。

たぶん73番目辺りの弟子・アル北郷

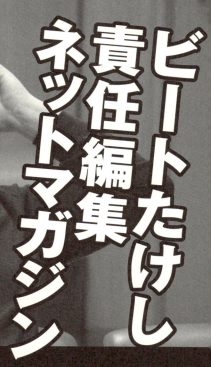

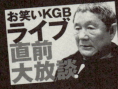

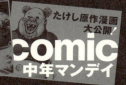

あとがき

「人生相談でもやるか。伊集院さんみたいなやつ」

ビートたけし責任編集ネットマガジン「お笑いKGB」での打ち合わせの際、突然に殿がこう言い出しました。「適当に答えときゃいいんだろ？」さらに、「だいたい、自分の悩みごとを人に解決してもらおうって魂胆が気に食わない。何が人生相談だ。よし、やろう」と、まったく支離滅裂な物言いからスタートしたのが「たけしの人生相談」でした。

当然、悩みごとへの回答も「バカ！」「死んでしまえ！」「俺に聞くんじゃねえよ!!」「仏門へ入れ！」etc・・・。

これ、本当に人生相談？ってな回答の目白押しなのです。そこで私は考えました。

これは我々凡人には理解できない、超高度な回答なのかもしれない。一刀両断されることで悩みから解放されているのでは？ 私もこんな商売をやっていますが、いっぱしの悩みもあります。「老後のこと」とか「子供の将来」とか「仕事」だとか・・・。そもそも、ビートたけしに悩みなんてあるのだろうか？ 弟子になって30年、殿の悩む顔を見た記憶がありません。もちろん、「天才がゆえの苦悩」なるものもあるのでしょうが、我々弟子の前ではそんなそぶりは1ミリたりとも見せたことはありません。そういえば、数年程前、酒の席で殿がこんな話をしました。

「昔、ツービートで営業行った時によ、何のネタやろうかって新幹線の中で考えてたんだよ。そんで、兼子（ビートきよしさん）に『ネタどうする？』って聞いたら、あいつ『いいから、あ〜いぼ〜、じゃんじゃんボケて。俺がビシビシツッコむから』って言いやがんだよ。そんで、生意気にアイマスクなんかしちゃって、シートをこれでもかってくらい倒してふんぞり返って寝てんだ。こいつ、ぶん殴ってやろうかと思ったよ。このバカ、悩みとか絶対ねえなって」

そうか、やっぱりビートたけしにも悩みとかあるんだ。でも、そんなことはおくびにも出さずに「カツラ」だ「ウンコ」だ「ヒロポン」だ、と楽しそうに日々を過ごしているんだ。嗚呼、なんて素敵な人生なんだ。と、思う人はこの本を手に取ったわずかな人だけでしょう。悩みを抱えて藁にもすがる思いの人は然るべき人、伊集院静さんや瀬戸内寂聴さんに相談してください。きっと救いの手を差し伸べてくれることでしょう。

うっかり間違ってこの本を買い、読了してしまったあなた。あなたにはもう悩みなんてありません。すっかり解決したでしょう。「ああ、悩んでる時間がバカらしい」と。

〆さばアタル

たけしの人生相談

悩むの勝手

～伊集院さんに聞けなかった話

第1刷　2019年12月31日

著　者　ビートたけし
発行者　平野健一

ブレーン　〆さばアタル
アル北郷

表紙写真　佐々木和隆
デザイン　鈴木俊文（ムシカゴグラフィクス）
編　集　齋藤豪

発行所　株式会社　徳間書店
〒141-8202　東京都品川区上大崎3-1-1　目黒セントラルスクエア
電話　編集　03-5403-4379
販売　049-293-5521
振替　00140-0-44392

本文印刷・カバー印刷・製本　大日本印刷株式会社

ISBN978-4-19-864999-9